U0592476

（第二版）

炒金
制胜法则
入门、技术与实战

CHAOJIN ZHISHENG FAZE

RUMEN JISHU YU SHIZHAN

王子微◎著

经济管理出版社

ECONOMY & MANAGEMENT PUBLISHING HOUSE

图书在版编目（CIP）数据

炒金制胜法则：入门、技术与实战/王子微著 . —2 版 . —北京：经济管理出版社，2017.3
ISBN 978 - 7 - 5096 - 4967 - 1

Ⅰ.①炒… Ⅱ.①王… Ⅲ.①黄金市场—投资—基本知识 Ⅳ.①F830.94

中国版本图书馆 CIP 数据核字（2017）第 036122 号

组稿编辑：张巧梅
责任编辑：张巧梅
责任印制：黄章平
责任校对：超 凡

出版发行：经济管理出版社
　　　　　（北京市海淀区北蜂窝 8 号中雅大厦 A 座 11 层　100038）
网　　　址：www. E - mp. com. cn
电　　　话：（010）51915602
印　　　刷：北京广益印刷有限公司
经　　　销：新华书店
开　　　本：720mm × 1000mm/16
印　　　张：10.75
字　　　数：145 千字
版　　　次：2017 年 3 月第 2 版　　2017 年 3 月第 1 次印刷
书　　　号：ISBN 978 - 7 - 5096 - 4967 - 1
定　　　价：48.00 元

前　言

一切事情都是在不断地发展完善的，炒金技术也是这样，尤其炒金还是在国内刚刚兴起的阶段，人们探知它的欲望便显得更加强烈。国际现货黄金、纸黄金、黄金期货、黄金期权、黄金掉期、黄金基金、黄金股票、黄金实金等各种形式的黄金交易蜂拥而来。而蜡烛图、黄金分割率、波形、趋势认定、移动平均线、成交量、基本分析等五花八门的黄金行情分析技术也跟着涌入中国，所有的黄金投资者或者是将要进行黄金投资的人，都希望掌握一种像"万能钥匙"一样的炒金技术，来满足自己在炒金市场中大获其利的需求，但是这种"万能钥匙"是不存在的，炒金获利靠的是概率。

针对散户和炒金初学者，本书选取了四项比较成熟的炒金技术：一是次高低；二是趋势线；三是 K 线；四是移动平均线。以它们为基础，加入我们自主研发的"2 元"理论，构成了一套炒金行情分析技术理论体系——2 元 4 联分析系统，借助这项技术分析工具，我们可以对未来的大盘可能会发生什么有一个较高概率的预测。这样，散户们才可能有力量参与到华尔街大亨们玩的游戏中去，而不至于像狼群中的羔羊，刚刚出生便被吃掉。

无论是国际现货金还是纸黄金、实金，投资者都要清醒地认识到我们玩的是一项国际游戏，因为所有黄金市场的价格都是随着国际现货金的大盘变动的，这样，在全球的黄金投资市场中便分为了两大阵营，一是小资金量的广大散户；二是以美国华尔街为代表的超级大户。在黄金投资刚刚兴起的中国，散户们的多空头寸和成本在华尔街超级大户面前不是秘密，也就是说散户们的底牌是亮开的，散户与华尔街博弈没有丝毫胜算。所以，散户的生存基本上是靠"跟风"，也就是我们平常所讲的"顺势而为"。

"2元4联分析系统"就是一套针对中国黄金投资散户的有效技术分析工具，散户们在基本面信息上的获取无法与华尔街抗衡，但散户们拥有技术面，可以在技术面上加强自己的实力，以弥补自己的不足。

已经形成的事实是最有道理的，所以我们前事不忘后事之师，在金市中我们要虚心地面对一切，绝不因自己的轻薄与草率而丧失本应属于自己的财富。

目　　录

上　篇
炒金初学者入门要领

中　篇
精解2元4联分析系统

下 篇
炒金实战全记录

上 篇

炒金初学者入门要领

　　导读： 在金市中，虽然每天的行情瞬息万变，没有什么事情不可能发生，但其中还是有很多的规律可循。在本书中，我们推出了 2 元 4 联分析系统，它主要是由次高低、趋势线、K 线、均线四种炒金技术联合组成，并以 2 元理论为主导。但在学习 2 元 4 联技术之前，炒金初学者应该了解和学习一些炒金基础知识。所以，我们对国内、国际的黄金投资市场现状做了整理和介绍，也对炒金的程序进行了说明，最后重点针对炒金分析技术的基本面和技术面进行分析和总结，让炒金初学者能够对黄金投资市场、黄金交易程序和黄金行情分析技术有全面而准确的了解。

第 一 章
黄金投资市场

一、中国黄金投资市场

随着经济全球化浪潮的侵袭，国内金融改革步伐的加快，使得兼具商品属性和金融属性的黄金的市场发展必将面临前所未有的历史机遇和现实挑战。国内市场已经形成两大黄金投资系列，即实金投资和纸黄金投资，但这两种黄金投资模式终将过时，最终使中国的黄金投资方向朝着国际化的国际现货黄金等方向发展。或者，随着国际形势的发展，还会衍生出更加高级的黄金交易工具。

（一）中国黄金投资市场的现状

中国黄金投资市场目前存在着管理瓶颈。由于中国黄金投资市场经历了长达50年的严管阶段，长期的市场封闭状态使国内黄金市场的相关法规、政策成为薄弱环节，而管理机构和经营机构又缺乏市场化运作的历史经验，多头管理、政出多门的直接后果是造成市场管理混乱。所以，目前中国黄金投资市场的现状还有些不尽如人意。

滞后的黄金流通体制阻碍了市场的发展。一方面，黄金的存储、运输、检验、交割等环节非常烦琐，使其流通速度和效率大为降低；另一方面，黄金作为具有金融属性的投资品种的流通渠道还非常封闭，变现能力较弱，这大大削弱了黄金作为一个投资工具的角色。

风险规避意识和能力比较弱，对冲风险的渠道有限。国内黄金企业缺乏境外交割黄金的期货对冲机制，这意味着国际黄金价格一旦出现大幅波动，国内金融机构和投资者都将可能承受意想不到的风险。在求稳、保险的经营理念支配下，观望多于开拓、等待大于发展。

中国缺乏既懂国际市场经营，又熟悉国内市场状况的黄金投资人才。市场各方参与者也缺乏先进、科学的投资理念和敏锐的投资意识。因此，人才的缺乏将给市场造成高昂的人力成本，不利于市场的可持续发展。

（二）中国黄金投资市场的发展契机

从国际市场来看，黄金正赶上一个大牛市的行情，这为中国黄金投资者对黄金市场的预期树立了信心。

自 2001 年开始，美元开始了其大幅贬值的历程，这在很大程度上推动了黄金价格的上涨；原油价格连续多年处在上升通道当中；通货膨胀的威胁始终让人们担忧，这为黄金的上涨提供了支持；国际关系紧张和战争的威胁让人们必须探索新的国际金融安全机制，黄金的避险价值再次得到重视。

国内市场的深化改革和逐步开放，为中国黄金市场的发展提供了良好的氛围和契机。中国黄金市场从 2004 年开始，已经由商品交易为主向金融交易为主转变；由现货交易为主向衍生品交易为主转变；由国内市场向国际市场转变。这就是 2004 年 9 月 6 日在上海 LBMA 年会上周小川行长提出的著名的"三个转变"。"三个转变"明确指出了我国黄金市场未来的发展方向，具有划时代的意义。

国内黄金市场与国际黄金市场融合的步伐正在加快，人民币最终将走向自由兑换，人民币汇率在实现完全自由浮动的进程中，黄金进出口将更加频繁，国内外市场的联动将更大，这将有利于国内黄金市场的发展，市场的需求将推动黄金投资衍生品的加速诞生。

这些良好的发展态势概括起来包括：黄金投资意识不断增强，黄金市场人气在不断汇集，行业探讨也较为充分，并且市场当中有一些实力较强的机构，已经开始进行一些有意义的探索和尝试了。上海黄金交易所、商业银行、金商都在实践中探索各自的业务发展模式以及之间的合作，这为中国黄金投资市场的进一步发展积累了宝贵的经验。

（三）中国黄金投资市场的前景展望

市场规模急剧扩大，中国已成为世界上第四大黄金生产国，第三大黄金消费国，但我国人均黄金拥有量只有世界平均水平的 1/5，这反映出中国黄金投资市场潜力巨大。预计未来 3 年，黄金现货投资市场规模将成倍放大，随着黄金投资衍生品的推出，现货市场比例将缩小。

随着中国金融业的对外开放，以及黄金市场规模的扩大，中国市场在国际市场的影响力将与日俱增，并将具有更大的发言权。而外资金融机构将把国外成熟的、先进的黄金市场运作经验引进中国市场并抢夺市场份额。未来几年内，黄金投资市场的竞争会更加激烈，届时，黄金投资在中国将会成为继证券、期货、外汇后的第四大金融投资品种。

随着竞争的加剧，黄金投资产品会更加多元化、复杂化，将快速改变目前投资品种单一、投资渠道少的状况。黄金账户、国际现货、黄金期货、黄金期权、黄金股票、黄金基金等各种新产品将陆续面市，投资者将会有更多更广的选择。

从国际市场的发展轨迹看，无形市场的交易量占整个黄金市场交易量的近 90%，伦敦市场和苏黎世市场都属于无形市场。中国未来的发展也将循此轨迹，大量的交易将通过无形市场完成。市场将会由银行及有实力的金商引领。容量巨大的黄金借贷市场将会诞生，黄金的融资和资本增值效用将进一步放大。

二、国际黄金投资市场

（一）全球主要黄金投资市场介绍

1. 伦敦黄金市场

伦敦黄金市场历史悠久，其发展历史可追溯到多年前，1804 年伦敦取代荷兰阿姆斯特丹成为世界黄金交易的中心。1919 年伦敦金市正式成立，每天进行上午和下午两次黄金定价，由五大金行定出当日的黄金市场价格，该价格一直影响着纽约和中国香港的交易，市场黄金的供应者主要是南非，1982 年以前，伦敦黄金市场主要经营黄金现货交易，1982 年 4 月，伦敦期货黄金市场开业。目前，伦敦仍是世界上最大的黄金市场。

伦敦黄金市场的特点之一是交易制度比较特别，因为伦敦没有实际的交易场所，其交易是通过无形方式，即通过各大金商的销售联络网完成的。交易所会员由具有权威的五大金商及一些公认的、有资格向五大金商购买黄金的公司所组成。然后再由各个加工制造商、中小商店和公司等连锁组成，交易时由金商根据各自的买盘和卖盘，报出买价和卖价。

伦敦黄金市场的特点之二是灵活性强，黄金的纯度、重量等都可以选择，若客户要求在较远的地区交售，金商也会报出运费和保费等，也可按照客户要求报出期货价格。最通行的买卖伦敦金的方式，是客户无须交收现金，即可买入黄金现货，到期只需按约定利率支付即可，但此时客户不能获取实物金，这种黄金买卖方式，只是在会计账上进行数字游戏，直到客户进行了相反的操作、平仓为止。

伦敦黄金市场特殊的交易体系也有不足之处。其一，由于各个金商报的价格都是实价，有时市场黄金价格比较混乱，连金商也不知道哪个价位的金价是合理的，只好停止报价，伦敦金的买卖便会停止。其二，伦敦市场的客户绝对保密，因此缺乏有效的黄金交易头寸的统计。

2. 苏黎世黄金市场

苏黎世黄金市场在"二战"后趁伦敦黄金市场两次停业发展起来。苏黎世市场的金价和伦敦市场的金价一样受到国际市场的重视。

苏黎世黄金市场没有正式的组织机构，而是由瑞士银行、瑞士信贷银行和瑞士联合银行三大银行负责清算结账。三大银行不仅为客户代行交易，而且黄金交易也是这三家银行本身的主要业务。

苏黎世黄金总库，建立在瑞士三大银行非正式协商的基础上，不受政府管辖，作为交易商的联合体与清算系统混合体，在市场上起中介作用。

由于瑞士特殊的银行体系和辅助性的黄金交易服务体系为黄金买卖提供了一个既自由又保密的环境，加上瑞士与南非也有优惠协议，且获得了80%的南非金，以及前苏联的黄金也聚集于此，使得瑞士不仅成为世界上新增黄金的最大中转站，也成为世界上最大的私人黄金存储中心。苏黎世黄金市场在国际黄金市场的地位仅次于伦敦。

苏黎世黄金市场无金价定盘制度，在每个交易日的任一特定时间，根据供需状况议定当日交易金价，这一价格为苏黎世黄金官价，全日金价在此基础上波动，而无涨停板限制。

3. 美国黄金市场

纽约和芝加哥黄金市场是20世纪70年代中期发展起来的，主要原因是1977年后美元贬值，美国人为了套期保值和投资增值获利，使得黄金期货迅速发展起来。

目前，纽约商品交易所和芝加哥商品交易所不仅是美国黄金期货交易的中心，也是世界最大的黄金期货交易中心，两大交易所对黄金现货市场的金价影响很大。

以纽约商品交易所为例，该交易所本身并不参加期货的买卖，仅仅为交易者提供一个场所和设施，并制定一些法规，保证交易双方在公平合理的前提下交易。该所在进行现货和期货交易的黄金的重量、成色、形状、价格波动的上下限、交易日期、交易时间等方面都有十分详尽的描述。

因为美国财政部和国际货币基金组织也在纽约拍卖黄金，纽约黄金市场已成为世界上交易量最大和最活跃的期金市场。美国黄金市场以做黄金期货交易为主，其签订的期货合约可长达23个月，黄金市场每宗交易量为100盎司，交易标的为99.5%的纯金，报价是美元。

4. 中国香港黄金市场

中国香港黄金市场已有90多年的历史，其形成以中国香港金银业贸易场的成立为标志。1974年，中国香港政府撤销了对黄金进出口的管制，此后中国香港金市发展极快，由于中国香港黄金市场在时差上刚好填补了纽约、芝加哥市场收市和伦敦开市前的空当，可以连贯亚、欧、美时间，形成完整的世界黄金市场。其优越的地理条件，引起了欧洲金商的注意，伦敦五大金商、瑞士三大银行等纷纷进港设立分公司，他们将在伦敦交收的黄金买卖活动带到中国香港，逐渐形成了一个无形的当地"伦敦黄金市场"，促使中国香港成为世界主要的黄金市场之一。

目前中国香港有三个黄金市场：

第一是以华资金商占优势，有固定买卖场所，黄金以港元/两定价，交收标准金成色为99%，主要交易的黄金规格为5个司马两为一条的99标准金条。目前仍采用公开叫价、手势成交的传统现货交易方式，没有电脑网络反映实时行情的金银业贸易场。

第二是由外资金商组成的在伦敦交收的黄金市场，同伦敦金市密切联系，没有固定交易场所，一般称之为"本地伦敦金市场"。

第三是黄金期货市场，是一个正规的市场，其性质与美国的纽约和芝加哥的商品期货交易所的黄金期货性质是一样的，交投方式正规，制度也比较健全，可弥补金银业贸易场的不足。

5. 东京黄金市场

东京黄金市场于1982年成立，是日本政府正式批准的唯一黄金期货市场，会员绝大多数为日本的公司，黄金市场以每克/日元叫价，交收标准金成色为99.99%，重量为1公斤，每宗交易合约为1000克。

6. 新加坡黄金交易所

新加坡黄金交易所成立于1978年，目前时常经营黄金现货和第2、4、6、8、10月的5种期货合约，标准金为100盎司的99.99%纯金，没有停板限制。

（二）国际黄金投资市场的交易服务模式

在各个成功的黄金市场中，为黄金交易提供服务的机构和场所其实各不相同，具体划分起来，又可分为没有固定交易场所的无形市场，以伦敦黄金市场和苏黎世黄金市场为代表，可称为欧式；有在商品交易所内进行黄金买卖业务的，以美国纽约商品交易所和芝加哥商品交易所为代表，可称为美式；有在专门的黄金交易所里进行交易的，以中国香港金银业贸易场和新加坡黄金交易所为代表，可称为亚式。

1. 欧式黄金交易

这类黄金市场里的黄金交易没有固定的场所，在伦敦黄金市场，整个市场是由各大金商、下属公司之间的相互联系组成的，通过金商与客户之间的电话、电传等进行交易；在苏黎世黄金市场，则由三大瑞士银行为客户代为买卖并负责结账清算。伦敦和苏黎世市场上的买家和卖家都是较为保密的，交易量也都难以真实的估计。

2. 美式黄金交易

这类黄金市场，实际上是建立在典型的期货市场基础上，其交易类似于在该市场上进行交易的其他种类商品，期货交易所本身并不参加交易，只为交易提供场地、设备，同时制定有关法规，确保交易公平进行，并对交易进行严格的监控。

3. 亚式黄金交易

这类黄金交易一般有专门的黄金交易场所，同时进行黄金的现货和期货交易。交易所实行会员制，只有达到一定要求的公司和银行，才可以成为会员，并对会员的数量配额有极为严格的控制，虽然进入交易场内的会员数量较少，但是信誉却很高。

以中国香港金银业贸易场为例，其场内会员交易采用公开叫价，口头拍板的形式来交易，由于场内的金商严守信用，鲜有违规之事发生。

实际上，以上各种交易所与金商、银行自行买卖或代客交易，只是在具体的形式和操作上有所不同，其运作的实质都是一样的，都是尽量满足世界不同黄金交易者的需要，为黄金交易提供便利。

（三）国际黄金市场的参与者

国际黄金市场的参与者，可分为国际金商、银行、对冲基金等金融机构、各个法人机构、私人投资者以及在黄金期货交易中有很大作用的经纪公司。

1. 国际金商（做市商）

最典型的就是伦敦黄金市场上的五大金商，其自身就是黄金交易做市商，由于其与世界上各大金矿和许多金商有着广泛的联系，而且其下属的各个公司又与许多商店和黄金顾客联系。因此，五大金商会根据自身掌握的情况，不断报出黄金的买价和卖价，当然，黄金做市商要负责金价波动的风险。

2. 银行

银行又可以分为两种：一种是仅仅为客户代行买卖和结算，自身并不参加黄金买卖，他们充当生产者和投资者之间的经纪人，在市场上起到中介作用。另一种是做自营业务的，如在新加坡黄金交易所里，就有多家自营商会员。

3. 对冲基金

近年来，国际对冲基金尤其是美国对冲基金，活跃在国际金融市场的各个角落，在黄金市场上，几乎每次大的下跌，都与基金公司介入短期黄金，在即期黄金市场抛售和在纽约商品交易所、黄金期货交易所构筑的大量空仓有关。

一些规模庞大的对冲基金利用与各国政治、工商、金融界千丝万缕的联系，往往较先捕捉到经济基本面的变化，利用管理的庞大资金进行买空和卖空，从而加速黄金市场价格的变化，从中渔利。

4. 各种法人机构和私人投资者

这里既包括专门出售黄金的公司，如各大金矿、黄金生产商、黄金制品商、首饰行及私人购金收藏者等，又包括专门从事黄金买卖业务的投资公司、个人投资者等。

但是从对市场风险的喜好程度来分，又可以分为风险厌恶者和风险喜好者，前者希望回避风险，将市场价格波动的风险降到最低程度，包括黄金生产商、黄金消费者等；后者希望从价格涨跌中获取利益，包括各种对冲基金等投资公司。前者希望对黄金保值而转嫁风险；后者希望从黄金价格波动中获利，而愿意承担风险。

5. 经纪公司

是专门从事代理非交易所会员进行黄金交易，并收取佣金的经纪组织，有的交易所将经纪公司称作经纪行。在纽约、芝加哥、中国香港等黄金市场里，活跃着许多经纪公司，他们本身并不拥有黄金，只是派场内代表在交易厅里为客户代理黄金买卖，并收取客户佣金。

另外，近些年国内各大银行推出的实金交易、纸黄金交易，都被编入了黄金市场的参与者。

三、黄金投资平台的选择

（一）国内地下炒金圈介绍

刚刚接触炒金的学员，往往会对国内五花八门的炒金平台备感迷惑，对炒金平台的选择无从下手，再加上众多的地下非法炒金机构浑水摸鱼，搅乱了本来就有些混乱的国内黄金市场，让众多炒金学员不知该如何选择一家保险、可靠的炒金平台。所以，我们直接将国内的地下炒金圈和盘端出，以利于炒金学员们能够正确地分辨出这些地下炒金机构，避免刚步入炒金圈就吃亏上当。

1. 地下炒金圈的兴起

国内地下炒金的圈子约在 2004 年开始出现，2005、2006 年借助互联网的普及逐渐兴起。圈内早期比较有名的炒金圈是福汇，目前福汇集团是全球最大外汇交易商成员之一，之后，欧美背景、中国香港背景、本土背景的平台在大陆地下炒金圈各成一派。

一些有炒金背景的人将伦敦金、纽约金引入中国，中国香港市场开放更早，很多人之前就在中国香港做过电话报单。在中国香港，中国香港金银业贸易场有责任规范当地黄金交易平台，但它更像自律组织。当这些交易模式引入内地后，贸易场的规范鞭长莫及。此外，还有一批本土交易商，从成都开始发展，此前在天津贵金属交易所从业的部分人士，就属于本土起家。

2. 地下炒金的规则与系统

上述三类平台的交易模式类似，以内地公司"金泽大道"为例，其行情数据是参考路透社等国际机构发布的黄金价格，每天 9：15 ~ 9：30 由公司技术部按人民银行公布的外汇牌价，将价格换成人民币／盎司，客户做一笔黄金交易，有一盎司、五盎司、十盎司三种选择，该公司行情交易系统类似一个自设盘，实际是不同的交易者之间进行对手盘交易，当多数人因方向判断失误，如客户买涨而国际金价实际下跌时，金泽大道就成了空头，会盈利颇多。

为何地下炒金的投资者会判断失误呢？资深业内人士分析，主要在于国际黄金定价权不在国内，而对黄金杠杆投资经验匮乏的散户，占了投资者中的主力。

"中期"研究院某研究员认为，目前中国没有黄金定价权，由于欧美市场发展较为完善，且世界主要黄金投资资金都集中在欧美市场，所以国内投资者很难把握大势；另外，世界上大部分黄金储备都集中在欧美，尤其是美国将其作为重要的战略手段，黄金价格基本上被美国所主导。

部分不法做市商会在系统上做手脚，并设法逃避监管，蒙受亏损的投资者数量越来越多，投资者的资金在境外无法享受第三方存管服务，很多外盘公司又存在偷逃税的嫌疑。内地的炒金平台由于采用了衍生品交易的方式，极低的实物交割率使得投资者几近血本无归，即使做市商没有在交易系统上做手脚，这个游戏从根源上也是不公平的，在高杠杆交易下，多数投资者会赚一点就平仓，亏一点还想捞回来，于是加仓。所以做市商早已认定普通投资者赔的几率大。

在 2005、2006 年时，一个运作较好的黄金交易平台，1 个月能为老板带来约 1000 万元人民币的收入，这些平台多在全国发展代理，外盘如果 1：100 的杠杆，代理商一手交易能拿 50 美元的手续费，代理商月收入几十万元也很正常。

据不完全统计，目前国内代理外盘业务的公司有 3 万家左右，仅在广州一地，各类违规操作外盘、盘中盘的黄金投资类公司，也有四五十家。

3. 地下炒金机构的监管路径

地下炒金带来的相关纠纷和案件不断增多，在有些资深业内人士看来，监管层对地下炒金的治理也在逐步演变中。

过去，国内没有相关法律法规能说明这些炒金公司和交易场所是违法的，而且由于场外交易难以监管，我国监管层一直倾向于引导投资者做场内交易。

对部分地下炒金案，国家也曾加强治理，2008 年，浙江"世纪黄金案"爆发，"世纪黄金"涉及的非法黄金期货经营额达 600 亿元，涉及上海、福建、河北、陕西和深圳等多省市，不少投资者蒙受损失，"世纪黄金"被取缔。

2008 年，国内黄金交易平台开始遍地开花，但地下炒金的暴利驱使及监管存在漏洞，使得监管层对非法平台的打击，就像割韭菜一样，割完一茬又长一茬。

在国内黄金投资需求快速增长的背景下，借助于"金融创新"、"先行先试"政策，成为了国内黄金投资市场的主导。

虽然投资者可以在商业银行买卖实物黄金，在大型商场买卖实物金条和首饰，在银行做纸黄金，可以通过银行，参与上海黄金交易所和上海期货交易所的黄金交易，但低成本、高倍杠杆、连续保证金交易的模式，更吸引炒金客户。

国内政府方认为，上海金交所和上海期货交易所是规范的黄金交易平台，但监管层也必须面对一个事实，即仅靠这两家平台尚不能满足国内黄金投资的需求。上海金交所交易可靠，但其双边交易成本是地下炒金成本的几倍，甚至十几倍。国内需要联通国内外，运作规范交易，手续费相对低廉的平台，而这首先需要监管层出台一部明确的关于黄金投资、交易的法律。

（二）如何选择黄金投资平台

介绍正规炒金平台的难度，要远远大于介绍地下炒金圈，这说明了中国现阶段炒金市场的混乱程度。所以，现阶段炒金学员在准备进入炒金市场之前，首先要做到的就是擦亮眼睛，分辨好正规平台与非正规平台。

目前，国内所有的炒金平台共分为三大类，即欧美背景平台、中国香港背景平台和本土平台，这里面欧美和本土平台的质量和信誉都相对较好一些，几乎所有出问题的平台都与中国香港背景的平台有关，所以我们着重介绍一下关于中国香港平台的一些问题。

1. 中国目前个人投资黄金的现状

自 2002 年 10 月 30 日，国内第一家合法黄金交易机构上海黄金交易所成立以后，在国内黄金投资，就开始吸引很多中国投资者的眼球，但国家并未禁止个人投资现货黄金（伦敦金），所以个人是可以通过境外的一些合法投资机构，去从事现货黄金的投资的。也就是说，现在国内的投资者可以自由选择投资欧美背景、中国香港背景和本土背景的黄金投资平台。

2. 中国香港的黄金投资平台代理机构

中国香港是一个金融开放的城市，从 1974 年后，中国香港成为了世界主要的黄金市场之一，1910 年中国香港金银业贸易场的成立，也标志着中国香港黄金市场的形成。中国香港的交易平台公司一般为方便大陆投资者办理一些业务，在内地都设有代理机构或办事处。所以个人可以通过代理机构或办事处，来找到中国香港的黄金投资平台。

3. 如何辨别内地一个公司使用的平台是代理中国香港的平台，还是假平台

当你在和内地办事处或者代理公司接触的时候，你就可以明确询

问，他们所代理的平台是哪里的，如果他们回答平台是他们自己的，那么很明显是假的平台。有些内地的人在内地开设一家公司，然后在中国香港再开设一家公司，这样给人的感觉跟正规的平台有些相似。但一般来说，这样他们的总部就在本地，而分公司是在中国香港，并没有金银业贸易场的编号，所以当他们说平台是他们自己的但总部在当地，并在中国香港也有公司的时候，你就需要提高警惕了。

而如果他们的回答是中国香港的平台，那么，下面就可以问他们所代理的平台在中国香港金银业贸易场是否是会员？会员编号是多少？中国香港金银业贸易场，直接负责监管场内交易业务，是一个信誉度很高的单位。如果一个公司要进入中国香港金银业贸易场，并取得会员席位，需要非常大的资金担保，并且还得通过一系列相关的认证工作。如果一家公司，在中国香港金银业贸易场有会员席位、编号的话，那么这个公司的交易平台一般是可以信任的。

4. 关于中国香港平台的一些问题

中国香港的平台都是 0.5 的点差，交易一个标准手合约需要 1000 美元的保证金，每交易一个标准手合约，所需的佣金是 50 美元，一般来说中国香港平台都是用美元来结算的（投资国际金必须用美元交易才正规），如果平台说是以人民币结算的话，那毫无疑问就是一个假平台，因为既然内地公司没资格开设平台，何来以人民币结算的平台。

5. 关于中国香港平台的质量问题

大部分中国香港的合法平台一般都是可以信赖的，但并不是所有中国香港平台的质量都是令人满意的。从事现货金的交易，一般都在网上操作，如果偶尔出现电脑网络故障，那是正常情况。但如果是假平台，会经常出现交易不能成交、长时间掉线、滑点等问题，如果一遇见大行情就经常性地出现这些问题，就可能严重影响到你的交易了。所以，不管是真平台还是假平台，我们都要注意一下平台质量的优劣。

6. 关于中国香港平台的出入金问题

　　如果你选择好了一家中国香港的平台，那么你跟他们签好开户合约后，接下来就是将钱打入你的交易账户了，这个时候你得注意了，你的资金一定要直接汇入中国香港公司那边，而不是内地的代理公司，代理公司是没有权限和资格收钱的。而涉及汇率换算的问题，都是由中国香港的平台公司来解决的。一般等你将钱汇入中国香港平台公司后，一个工作日左右，你就可以在你的平台交易账户里看到你的本金了。

　　出金的时候，只需按照中国香港公司提供给客户的出金单据，填好出金单需要填写的地方，由代理公司负责传真到中国香港公司后，一个工作日左右，资金会进入你所提供给中国香港公司的国内账户上。一般来说，真的平台会使你每次的出入金都很顺利，但如果当出入金变得很浪费时间的时候，你就需要注意了。

第 二 章
炒金的程序

一般来说，炒金的程序都是从平台选择、黄金分析软件选择开始，然后是开户、入金、正式操作，最后是出金，整个炒金程序便可完成。下面，我们就分别对炒金程序的各个环节进行一一介绍。

一、资金安全

资金安全是黄金投资首先要考虑的问题，如果我们选择了不法平台，那么即使赚了钱，我们也拿不出来。

目前，中国内地经营伦敦金的，基本上都是欧美背景和中国香港背景的代理机构。相比之下欧美背景的反倒比较可靠，我们对他们进行甄别时，首先要在他们的官方网站核实查证，另外，还要对他们在工商部门的注册情况进行核对，以及查验他们的背景平台商的授权证书，以证实合法的合作关系。

选择好平台之后，不要以为就不用注意什么了，入金时，最好选择国内五大银行，汇款后一定要拿好回执单，也就是你汇款的凭证，一旦出现了什么问题，第三方监管也就是你汇款的对象——银行是要负法律责任的。在入金前，一定要与平台商签订合同，这是法律上的重要凭证。

二、交易点差和佣金

在内地做伦敦金的正规平台目前有 20 多家，而实际上内地市场的代理却有几百家之众，可见，不法交易商或代理商所占的比例有多少。一般来说，返佣金或点差越多的，反而不太真实。现在，伦敦金交易已全部电子化，如果没有收到电子交易码，可能你所选择的平台就是假平台。

三、从交易平台看问题

单子成交的效率和准确性是观察交易商实力的最好方法，如重大数据发布时点差扩大、成交时总是滑点、成交速度慢、客户有利指令难以达成而不利指令却成交迅速、服务器经常掉线、资金已经确认到账但交易平台却延迟入账、每日限制提款次数、提款延迟时间过长，这些都是交易商有问题的表现。正规的交易商一般都提供明显的交易滑点和挂单意外成交或未成交申述的通道，审核后返回客户不合理的损失。

四、开户申请和经纪作用

选定平台与黄金行情分析软件之后，便可以进行开户了。纸黄金客户要在相应银行进行开户，或者也可以网上开户。欧美伦敦金或中国香港伦敦金则要找到代理商，在代理商的协助下进行开户，需要填一些表格、签字，然后把钱兑换成美元汇到指定（第三方）账户便可以了。几乎所有的伦敦金交易初学者，都是经过他人指点入门的。经纪人不能保证你操作盈利，但是可以让你轻松完成入门阶段的学习，一个好的经纪人应当充分揭示伦敦金保证金交易的风险。并且，客户开户需要的证明资料越复杂、越严格，越能证明该交易商对客户负责。

五、入金

开户将投资资金存入平台账户，此账户一般会是第三方监管账户。也就是说，此账户中的钱平台公司不具有调拨权，不可以随意挪用，只有客户自己才能取出自己的资金。并且，在伦敦金平台中，一般入金时要将人民币兑换成美元。

六、基本面分析和技术面分析

进入实际操作阶段，投资者都要对金价的涨跌进行预测，虽然预测的方法五花八门，但总的来说都要分为基本面分析和技术面分析。

基本面分析通常要通过专业黄金媒体如网站、报纸，将有关黄金的消息提炼出来，作为参考，然后分析出黄金价格未来可能的走势。

技术面分析是黄金行情分析中最重要的分析层面。由于黄金投资市场很难被任何一家机构所左右，所以，技术面分析对于黄金市场行情的预测便显得比较准确。但要想达到精准预测的效果，还要看你对分析技术掌握的程度以及经验的多少。

现在，金市中比较流行的技术分析手段有趋势线、K 线、波形、黄金分割、次高低、均线、时间等。初级的炒金学员不需要将它们一一学会，只要所掌握的技术能够精确地预测金价走势就可以了。

七、入市决策和出市决策

通常，入市的时机都是处在金价转折之时或转折之后。对于入市时机的掌握，一般都要通过基本面和技术面的分析之后，才能做出决策；出市的时机也都是处在金价转折之时或转折之后。对于出市时机的掌握，一般都要通过基本面和技术面的分析之后，才能做出决策。

八、出金

出金是炒金程序中最后的步骤，在可能的情况下，都要先把自己的本金提取出来，这意味着你已经是一个黄金投资的胜利者了。

第 三 章
炒金技术

炒金技术的学习和掌握，对于炒金学员们来说至关重要，是炒金制胜的关键。通常，炒金技术分为基本面和技术面两大类，这两项基本的炒金分析技术对于炒金者来说，都要作为日常的工作来进行，这一点是炒金获胜的保证。下面我们就对基本面和技术面分别进行全面的描述。

一、基本面

基本面分析又称基本分析，是力图找出黄金价格走势和黄金市场之外的事物的联系，以得出金价的发展方向。影响金价基本面的因素很多，主要的因素有全球的政治经济形势、美元的走势、美国其他证券市场、美国央行的黄金政策、石油及其他贵金属、世界通货膨胀、世界经济危机、世界战争、全球黄金市场供求关系，其他如时间因素、心理因素等。

黄金基本面，基本上被美国所主导，原因有两个：一是世界上主要黄金投资资金，都集中在欧美市场；二是世界上大部分黄金储备，都集中在欧美，尤其是美国将其作为重要的战略手段。

基本面信息，从对金价走势产生的影响来看，又分为利多消息和利空消息。并且利多消息和利空消息会经常性地同时出现，这时投资者要发挥自己的逻辑判断思维能力，考虑是利多消息起主要作用，还是利空消息起主要作用。要获取尽可能多的基本面信息，这样才可能成功预测未来金价的走势。

（一）　金价与美元

由于国际金价用美元计价，黄金价格与美元走势的互动关系非常密切，通常呈现美元涨，则黄金跌；美元跌，则黄金涨的逆向互动关系。

美元上涨时，现货黄金一般都会下跌；美元下跌时，现货黄金就会上涨；当美元调整时，现货黄金也会跟着调整。

但在某些特殊时段，尤其是黄金走势非常强或非常弱的时期，金价也会摆脱美元走势的影响。2005 年第四季度，由于国际对冲基金普遍看好石油、贵金属等商品类投资品种，大资金纷纷介入，导致黄金价格下降，并与美元的互动关系一度失效，金价出现了独立的走势。

但总的来说，在基本面、资金面和供求关系等因素均正常的情况下，黄金与美元的逆向互动关系仍是投资者判断金价走势的重要依据。例如，2006 年 5 月国际金价由 730 美元回落至 541 美元，引发金价大跌的主要原因之一，就是市场当时预计美元会再次加息，美元会强劲反弹，大量资金从贵金属、有色金属等商品市场撤离，导致金价深幅调整。

（二）　金价与原油

原油价格一直和黄金市场息息相关，其原因是黄金具有抵御通货膨胀的功能，而国际原油价格与通胀水平密切相关。因此，黄金价格与国际原油价格具有正向运行的互动关系。

当原油上涨时，现货黄金一般也会上涨；当原油下跌时，现货黄金也会下跌；当原油调整时，现货黄金一般也会跟着调整。原油是黄金的双胞胎兄弟，有"黑金"之称，油价和金价一般有着高度的正向相关度，虽然两者没有必然联系，但由于它们都是国际重要的战略物资，油价的走势会对金价有着同向驱动力。例如 1978 年，原油飙涨到一桶 30 美元，金价也冲破 180 美元涨到 244 美元。

美元和原油分别对金价有着逆向与正向的驱动力，对金价的预测有着重要的参考价值，是基本分析中最重要的两个方面，我们建议将美元分析和原油分析作为基本分析的主导面，将其他方面的基本分析作为基本分析的参考面。这样，在基本面分析中就会主次分明，有利于炒金学员借助于基本面分析，更加方便地预测金价走势。

（三）金价与国际商品市场

由于中国、印度、俄罗斯、巴西等国经济的持续崛起，对有色金属等商品的需求持续强劲，加上国际对冲基金的投机炒作，导致有色金属、贵金属等国际商品价格至 2001 年起持续上扬，尤其是有色金属价格的高度，已引发全球经济界的担忧。巴菲特、索罗斯等投资大师甚至认为，目前商品市场价格已存在严重的泡沫。

虽然与有色金属相比，黄金的上涨幅度明显偏低，但铜、铝等有色金属的大幅下跌已影响到黄金价格，这就是商品市场价格联动性的体现。投资者在判断黄金价格走势时，必须密切关注国际商品市场，尤其是有色金属价格的走势。

（四）金价与国际重要股票市场

国际黄金市场的发展历史表明，在通常情况下，黄金与股票也是逆向运行的，股市行情大幅上扬时，黄金价格往往是下跌的，反之亦然。

炒金学员要注意一点，黄金价格的涨跌与我国内地股市行情没有关联，而是与国外一些重要的股票市场，如纽约股票市场有较强的关联度。

（五）　金价与黄金现货市场季节性供求

供求关系是市场的基础，黄金价格与国际黄金现货市场的供求关系密切相关。黄金现货市场往往有比较强的季节性供求规律，上半年黄金现货消费相对处于淡季。近几年来，金价一般在第二季度左右出现底部，从第三季度开始，受节日等因素的推动，黄金消费需求会逐渐增强，到年底的圣诞节，受欧美主要国家的消费影响，黄金现货需求会逐渐达到高峰，从而使金价持续走高。

（六）　金价与军事、政治

战乱和政局动荡时期，经济的发展会受到很大的限制和负面影响，这样会造成通货膨胀，这时黄金的货币性就表现出来，人们会把目光投向黄金，对黄金的抢购会造成金价的大幅上涨。当然，一些小的国家发生战乱和政局动荡，对金价的影响就会很小。这种军事、政治的因素对金价的影响可以忽略不计。

（七）　金价与各国中央银行

各国央行是世界上黄金最大的持有者，如果央行开始抛售黄金，那么黄金短期价格就要下跌。1999 年 7 月 6 日，英伦银行周二以每盎司 261.2 美元售出 25 吨黄金，筹得 2.098 亿美元，这就是英伦银行近 20 年的首次拍卖，也是该行五次拍卖的第一次，自英国公布，计划在未来 3~5 年出售共 715 吨黄金储备的 415 吨以来，金价已跌逾一成，消息宣布后，金价随即跌破 200 美元水平，创下 20 年新低。

（八）　金价与世界金融危机

当发生世界金融危机时，人们都会意识到危机来了，钱存在银行不安全了。当美国等西方大国的金融体系出现不稳定的现象时，世界资金会投向黄金，黄金需求增加，从而造成金价上涨。2007 年的世界金融危机造成了金价的一次大的上涨。

（九）金价与世界通货膨胀

当一个国家的物价稳定时，其货币的购买能力也稳定，如果发生通货膨胀，则货币的购买能力就会下降，这样货币没有了吸引力，资金就会投向黄金，从而造成金价上涨。温和的通货膨胀不会造成货币大幅贬值，而恶劣的通货膨胀则会造成货币大幅贬值，当货币大幅贬值时，势必造成黄金价格的上涨。

炒金学员通过对影响金价走势的基本面的掌握，可以把握住金价的整体走势，从而把握住大的趋势。炒金的初学者有时会对如何获取重要的基本面信息感到迷惑，其实做到这一点并不难，上网找到几个好的相关黄金投资的网站就可以了。

二、技术面

技术面又称技术分析，就是把现在黄金价格的走势和它自身以前的走势相比较，从中找出规律，从而确定金价运行的方向。

如果说基本分析解决的问题是市场为什么波动？技术分析解决的问题则是市场什么时间和什么位置发生波动？或者说，基本分析人士关心的首先是原因，而技术分析人士关心的主要是结果。有的人认为，技术分析和基本分析是互不相容的，其实市场的长期发展证明，两者的长期运行轨迹是相同的，完全可以并用。

技术分析工具现在来说是五花八门，很难说清哪一种是最有价值的，在本篇中，我们只挑选出目前市场上较流行的三种技术分析工具，进行一下简要的介绍，它们分别是趋势线、K 线和移动平均线。

（一）趋势线

在金价运行当中，如果其包含的波峰和波谷，都相应地高于前一个波峰波谷，那么就称为上涨趋势（上升通道）；相反地，如果其包含的波峰和波谷，都低于前一个波峰与波谷，那么就称为下跌趋势（下降通道）；如果后面的波峰与波谷都基本与前面的波峰与波谷相持平的话，那么就称为震荡趋势（箱式运动），或者说是横盘趋势、无趋势。

如何正确地画出趋势线？我们只需要找到两个主要的顶部或者底部，然后用一条直线连接它们。

两个底部或者顶部，就可以画出一条有效的趋势线，但是需要三个顶部或底部才能确认。趋势线越陡，该趋势线就越不可信，也容易被打破，与水平阻力支撑一样，被测试过很多次的趋势线就是强趋势线。千万不可强行迎合市场而画趋势线，如果趋势线不符合市场的话，那么这根趋势线则不是有效的。

我们可以画出趋势线来对金价走势情况进行衡量。对于上涨趋势，我们可以连接低点，使得大部分低点尽可能处在同一条直线上；而对于下降趋势，我们可以连接其顶点，使得大部分顶点尽可能处于同一条直线上；对于横盘趋势，我们可以将顶点和低点分别以直线连接，形成震荡区间，那么，当价格运动突破了相应的趋势线后，我们就可以认为，趋势已经顺着突破的方向开始形成。

趋势本身是由不同级别的大小趋势组成的，其中，高级的趋势方向最终决定价格的运动方向。因此，在使用趋势线时要特别注意，当前使用的趋势线是处于哪一级别的趋势之上的，从而决定此趋势线所说明的价格运动范围。

当上升趋势线被跌破时，就是一个出货信号，在没有跌破之前，上升趋势线就是每一次回落的支撑。当下降趋势线被突破时，就是一个入货信号，在未突破之前，下降趋势线就是每一次回升的阻力。金价随着固定的趋势线移动的时间愈久，此趋势线越可靠。金价的上升与下跌在趋势的末期，皆有加速上升和加速下跌的现象，并且，价格对趋势线的突破或反转，是根本对立的矛盾现象，因此，当价格运行到趋势线附近的时候，都要引起高度的注意。

有经验的技术分析者，经常在图表上画出各条不同的实验性趋势线，当证明某趋势线毫无意义时，就会将之擦掉，只保留具有分析意义的趋势线。此外，还会不断地修正原来的趋势线，例如，当金价跌破上升趋势线之后，金价又迅速回升到这条趋势线的上方，分析者就应该从第一个低点和最新形成的低点，重新画出一条趋势线，从而修订出一条更有效的趋势线。

上升趋势线的功能在于支撑金价，但被跌破后，则意味着行情由上涨转为下跌；下降趋势线的功能在于阻力，但被涨破后，则意味着行情由下跌转为上涨。所以，我们在实际操作中要秉承一个原则，在上升趋势中，即金价运行在上升趋势线之上时，我们就看多做多；在下降趋势中，即金价运行在下降趋势线以下时，我们就看空做空。我们还要注意一点，当金价运行到趋势线附近的时候，我们就要引起注意，在无法判断金价会突破还是会反转的情况下，最好是离场观望。

趋势线还可以进行更为具体的分类，在本书中篇"2 元 4 联分析系统"中，还有更为详尽的讲解。

（二）K 线

K 线图起源于日本德川幕府时代（1603 ～ 1867 年），被当时日本米市的商人用来记录米市行情与价格波动，后因其细腻独到的标画方式，而被引入到股市、期市及黄金市场。通过 K 线图，我们能够把每日或某一周期的市况完全记录下来。金价经过一段时间的盘档后，在图上即形成一种 K 线组合或形态，不同的形态显示出不同的意义，利用 K 线最多的是转折形态 K 线及 K 线组合。

K 线表示单位时间段内价格变化情况的技术分析图，所谓 K 线图就是将金市每日、每周、每月的开盘价、收盘价、最高价、最低价等涨跌变化情况，用图形的方式表现出来。K 线又称阴阳线、棒线、红黑线或蜡烛图。K 线图具有直观、立体感强、携带信息量大的特点，预测后市走向较准确，是现今应用较为广泛的技术分析手段。

K 线的绘制，首先要找到该日或某一周期的最高和最低价，垂直地连成一条直线；然后再找出当日或某一周期的开盘和收盘价，把这两个价位连接成一条狭长的长方形柱体；假如当日或某一周期的收盘价较开盘价为高，我们便以红色来表示，这种柱体就称为"阳线"，反之则是"阴线"。在欧美市场中也有 K 线图，与我们不同的是，他们的阳线用绿色来表示，阴线用红色来表示，与我们正好相反。

K 线图蕴涵着丰富的东方哲学思想，能充分显示大盘趋势的强弱，以及买卖双方力量平衡的变化，是各类传播媒介、电脑实时分析系统应用较多的技术分析手段。

日 K 线，是根据金价一天的走势中形成的四个价位，即开盘价、收盘价、最高价、最低价绘制而成。收盘价高于开盘价时，则收盘价在上、开盘价在下，两者之间的长方柱体用红色或空心绘出，称之为阳线，其上影线的最高点为最高价，下影线的最低点为最低价；收盘价低于开盘价时，则开盘价在上、收盘价在下，两者之间的长方柱体用绿色或实心绘出，称之为阴线，其上影线的最高点为最高价，下影线的最低点为最低价。

根据 K 线的计算周期，可将其分为日 K 线、周 K 线、月 K 线、年 K 线。周 K 线是指以周一的开盘价、周五的收盘价、全周的最高价和全周的最低价来画的 K 线图。月 K 线、年 K 线的画法与周 K 线同理。周 K 线和月 K 线常用于研判中期行情，对于短线操作者来说，日 K 线及众多分析软件提供的 5 分钟 K 线、15 分钟 K 线、30 分钟 K 线、60 分钟 K 线都具有重要的参考价值，而应用最多的，还是以一天为周期的日 K 线。

学习 K 线，最重要的是理解它的各种 K 线组合，及其所反映出的大盘信息。本书中篇 "2 元 4 联分析系统" 中，会有更为详尽的讲解。

（三）移动平均线

1. 移动平均线概述

移动平均线（MA），是以道·琼斯的平均成本概念为理论基础的，采用统计学中 "移动平均" 的原理，将一段时期内的大盘价格平均值连成曲线，用来显示金价的历史波动情况，进而反映金价未来发展趋势的技术分析方法。移动平均线是道氏理论的形象化表述。

移动平均线原本的意思是移动平均，由于我们将其制作成线形，所以一般称之为移动平均线，简称均线。它是将某一段时间的收盘价除以该周期，比如日线 MA5，指 5 天内的收盘价除以 5。

移动平均线常用线有 5 日、10 日、30 日、60 日、120 日、250 日的指标，其中 5 日和 10 日的短期移动平均线，是短线操作的参考指标，称作日均线指标；30 日和 60 日的指标是中期均线指标，称作季均线指标；120 日和 250 日的指标是长期均线指标，称作年均线指标。对移动平均线的考察一般从这几个方面进行。

均线理论是当今应用最普遍的技术指标之一，它帮助交易者确认现有趋势，判断未来的趋势和即将反转的趋势。炒金学员们在进行短线分析时，可以在日 K 线图下，设定 5 日、10 日、30 日均线，这样就非常的直观明了。

移动平均线的种类很多，但总的来说可以分为短期、中期、长期三种，短期移动平均线主要是 5 日、10 日均线。由于国际金交所一般一周是 5 个交易日，因而 5 日均线亦称周线，由于 5 日均线起伏较大，震荡行情时该线形象极不规则，无轨迹可循，因而诞生了 10 日均线，此线取 10 日为样本，简单易算，为投资大众参考与使用最广泛的移动平均线，它能较准确地反映大盘短期内的发展趋势，因而可以作为短线进出的依据。

中期移动平均线，首先是月线，采样是 24 日、25 日或 30 日，该线对中期投资而言，有效性较高，尤其是在大盘尚未十分明朗前，能预先显示金价未来的变动方向。之后是季线，采样为 72 日、73 日或 75 日，由于其波动幅度较短期均线平滑，且有轨迹可循，较长期均线又敏感度高。

长期移动平均线，首先是半年线，采样 146 日或 150 日。200 日均线，是葛南维（Granvile）专心研究与实验移动平均线系统后，着重推出的，但在国内运用不甚普遍。年线取样 250 日左右，是超级大户、炒手们操作时参考的依据。

2. 移动平均线的性质

（1）追踪趋势。移动平均线会追踪价格的趋势，也会追随这个趋势，并不轻易放弃。如果大盘图表中能够找出上升或下降趋势线，那么 MA 的曲线，将保持与趋势线方向一致。

（2）滞后性。在大盘原有趋势发生反转时，由于 MA 追踪趋势的特性，MA 的行动往往过于迟缓，掉头速度落后于大趋势，这是 MA 一个极大的弱点，等 MA 发出反转信号时，金价掉头的深度已经很大了。

（3）稳定性。通常愈长期的移动平均线，愈能表现安定的特性，即移动平均线不轻易向上、向下，必须大盘趋势真正明朗了，移动平均线才会向上或向下移动，而且经常金价开始回落之初，移动平均线却是向上的，等到金价下滑显著时，才见移动平均线走下坡。愈短期的均线安定性愈差，愈长期的均线安定性愈强，但也因此使得移动平均线有延迟反应的特性，尤其是长期移动平均线。

长期移动平均线和短期移动平均线，在稳定性方面通常存在着矛盾，这一点经常表现在金价的回调上，如果短期均线与长期均线之间的距离正在越拉越大，通常意味着金价即将产生回调。

（4）助涨、助跌性。当金价突破了 MA 时，无论是向上突破还是向下突破，金价有继续向突破方向再走一程的愿望，这就是 MA 的助涨、助跌性。

金价从平均线下方向上突破，平均线也开始向右上方移动，这时，可以将 MA 看做是多头支撑线，金价回调至 MA 附近，自然会产生支撑力量。短期平均线向上移动速度较快，中长期移动平均线向上移动速度较慢，但都表示一定时间内平均成本增加。卖方力量若稍强于买方，金价回调至 MA 附近时，便是买进时机，这是 MA 的助涨功效。直到金价上升缓慢或回落，平均线开始减速移动，金价再回至 MA 附近，MA 失去助涨效能，金价将有重返平均线下方的趋势，最好不要买进。

反过来说，金价从 MA 上方向下突破，和 MA 助涨同样道理，MA 也会产生助跌性。要注意，MA 的助涨、助跌性是发生在 MA 被金价突破之后的事。

（5）支撑和压力的特性。由于 MA 的上述四个特性，表现出 MA 与趋势线一样具有支撑和压力的作用。移动平均线按计算方法还可分为算术移动平均线、加权移动平均线、指数平滑移动平均线。

（四）其他技术面分析工具

炒金的其他技术面分析工具，现在比较流行的还有指数平滑移动平均线、黄金分割率、波形、抄底、逃顶、时间、周期等；常用的技术指标方面还有随机指标（KDJ）、相对强弱指数（RSI）、心理线（PSY）、止损转向（SAP）、能量潮指标（OBV）、容量比率（VR）、布林通道线（BOLL）、乖离率（BIAS）。这些技术分析手段，由于篇幅所限不能一一详细介绍，有条件的炒金学员最好尽可能多地进行涉猎，并从根本上理解这些技术分析的方法，然后，再将技术分析与基本分析结合起来，得出结果，这样将会大大提高你在炒金市场上获胜的概率。

中 篇
精解2元4联分析系统

　　导读：2元4联分析系统，是本书推出的一套专门针对黄金行情进行全面技术分析的一种技术分析工具。它是国内首家自成系统的黄金技术分析理论体系。当然，2元4联分析系统借助了次高低技术、趋势线技术、K线技术和均线技术，一旦将这些成熟的技术联合应用起来，再以"2元"理论作为主导，它们发挥出的功能便不可限量。

　　2元4联分析系统由三部分组成，即"2元"部分、"4联"部分和"炒金日记表"，应用2元4联技术要从这三方面入手。2元4联分析系统唯一的追求便是它的实用性，因为2元4联技术只为实战而服务。

第 四 章
初识 2 元 4 联分析系统

简单地说，2元就是将金市大盘简单地区分为两种元素，即阳线部分与阴线部分；4联就是将四种技术分析方法联合在一起应用，即将次高低分析、趋势线分析、K线分析和均线分析组合在一起，然后得出最后的技术分析结果；最后，将2元4联分析结果作为技术分析结果，再加入基本面分析，落实到每日的"炒金日记表"上，我们就会得到一个近于完美的、对炒金大盘全面而准确的分析结果。

2元4联分析系统，是金市中的一个崭新的操作法则。下面我们就对2元4联分析系统中最有利于炒金学员理解的方式，进行分析、解读。

一、2 元解析

如果将黄金投资交易上升到一个哲学层面，那么我们可以将世界上黄金投资交易哲学，区分为东方交易哲学和西方交易哲学两大部分，它们各自有着自己鲜明的东西方特色。

数理关系、黄金分割率和移动平均线就是这种传统的体现。东方交易方法的核心在于阴阳之道的主宰，上升与下降、收敛与发展、震荡与单边，所有这些都聚集于阴阳这两种根本力量的交互运动中，阴阳线或者说蜡烛图，是东方哲学思维在交易界的最直接体现。

炒金制胜法则——入门、技术与实战

2 元理论实际上就是我们东方交易哲学的根本，也就是上面我们所说的"阴阳理论"。2 元理论不仅仅是一个理论，它更是一种方法，一个能让炒金者更加清醒的方法。

金市大盘永远是由两种元素组成的，即阳线部分和阴线部分，阳线和阴线所能代表的，永远也是两种状态，即非涨即跌。我们只要想办法知道金价在哪里会涨，在哪里会跌就可以了。这一点，说穿了并不难：第一，知道了当前金市的大趋势所在；第二，知道了当前金价的位置所在；第三，知道了当前大盘的回调所在。回调结束之后，金价就会向与回调方向相反的方向运动，这时，你就可以顺着主趋势方向入市了，这是 2 元的具体应用。

2 元法追求的不是复杂而是简单，它是一种宏观理论，却不会舍弃细节。它把纷繁杂乱的金市简单地区分为阴阳，用简单的两种颜色来看待大盘、来理解大盘、来进行大盘的操作。

从理论上来说，2 元就是这样，可以解释成阴线和阳线，上涨和下跌，也可以解释成两种颜色，总之，是把大盘分成简单的两种元素。

但 2 元法的运用并非像说起来这样简单。它需要以 4 联、4 要素作为基础，并且要结合许多其他的、必要的金市知识作为辅助。只有这样，我们才能将金市的操作化繁为简，稳操胜券。

2 元分析结构简单且实用。但它并不排斥其他的炒金技术，而我们要将 2 元理论，作为所有炒金技术的主导思想，不然，我们很容易将各种炒金技术搞乱。

2 元是对大盘分析的主导，它将错综复杂的大盘变得简单，并让炒金学员不被大盘的各种表象所迷惑。4 联是用具体的技术来分析并验证大盘带给我们的信息，4 联分析最后会让 2 元分析的结论，变得更加精确、可靠，这是 4 联与 2 元之间的关系。2 元分析和 4 联分析结合起来，就是 2 元 4 联分析系统，一种朴素而实用的炒金应用技术。

应该注意一点，学习 2 元理论，很容易将大盘的震荡盘整期忽略掉。我们只要牢记一点，震荡盘整期千万不可追涨杀跌，单边震荡才是我们赚钱的机会。

如果把次高低比喻成通往巅峰的阶梯，把趋势线比喻成隔开喜乐与忧愁的直尺，把 K 线比喻成跳动的美妙音符，把均线比喻成细腻而温和的五线谱，把二元理论比喻成一支音乐指挥棒，那么，2 元 4 联分析系统就是一部雄壮的交响乐曲。倘若奏响它，财富之门就会为你打开。

二、4 联解析

4 联就是将次高低分析、趋势线分析、K 线分析和均线分析这四种炒金技术，联合起来应用的一种炒金技术分析方法，4 联分析说起来简单，学起来却要费些时日。

为何要将四种不同的炒金技术联合起来应用？是因为它们在根本原理上完全相通，甚至 4 联与 2 元在原理上也存在着这种相通。并且，四种技术联合应用还会互相弥补单独应用上的不足。

一般来说，一张黄金行情分析软件的 K 线图上，最实用、最常见的技术分析方法，就是趋势线分析、K 线分析和均线分析。而这三项技术分析方法之外，还得加上一项不可缺少的分析元素，即"次高低"分析。无论是趋势线、K 线还是均线，在它们身上都可以找到"次高低"的痕迹，"次高低"甚至可以成为 4 联技术的统领。

下面，我们就分别对次高低、趋势线、K 线和移动平均线，做一次简单的介绍，让炒金初学者有一个初步的印象。同时，我们还要对次高低、趋势线、K 线和移动平均线做一个深入的剖析和讲解，以利于炒金学员完全掌握 2 元 4 联分析技术。

（一）次高低：通往巅峰的阶梯

如图 1 所示，从次高点开始，金价会大幅下降；从次低点开始，金价会大幅上升。次高低与五种典型趋势线密切相关、互相依存。次高低的形成，都是从突破趋势线开始，从再次突破趋势线结束。这是次高低运动的基本规律。

图1

第二次高低点，是最可靠的入市点；其次是第一次高低点；最后的第三到第六次高低点，可以轻仓介入，并且要加倍小心。

次高低在形态上错落有致、富有韵味，无论是上涨还是下跌，它都如同一层层的阶梯。有心的炒金者会依照它特有的规律，一步步地登上炒金的巅峰。

（二）趋势线：隔开喜乐与忧愁的直尺

如图 2 所示，趋势线在 45 度角的环境下最为准确，金价触及趋势线的必到值是 3，极值是 7。在实际应用中，趋势线的作用主要是提供精确的止损、止盈点，安全的多单或空单交易区间。

1790.51

1526.88

图 2

趋势线分析中，最大的难点在于，金价第三次触碰趋势线之后，当金价再次临近趋势线的时候，谁也不知道金价会反转，还是会突破。在这个时间段，在没有十足把握的前提下，最好平仓观望。

总之，只要金价靠近趋势线，就要引起高度的重视，是非总是会在趋势线附近产生。

典型的趋势线共有五种：①上升趋势线和下降趋势线；②趋势线的快慢组合；③新的同向趋势线的产生；④新的反向趋势线的产生（趋势线被有效突破）；⑤另一方趋势线的绘制（主要作为止盈的参考）。

趋势线总结起来不过五种，但在金市大盘上却千变万化，炒金学员们必须在实战中不断地学习、总结，才可能运用好趋势线。趋势线这把直尺，就握在你的手中，能否隔开喜乐与忧愁，就要由你自己来掌握。

（三）K线：跳动的美妙音符

　　K线的主要作用是用以捕捉买卖双方力量对比的变化，并且可以进一步分析预测金价未来的走势。在金市中，最重要、最常用到的K线和K线组合是反转形态的K线，如图3所示。即长十字线、螺旋桨、锤头线与T字线；早晨之星和早晨十字星、黄昏之星和黄昏十字星；淡友反攻、乌云盖顶和倾盆大雨；好友反攻、曙光初现和旭日东升；穿头破脚和身怀六甲。

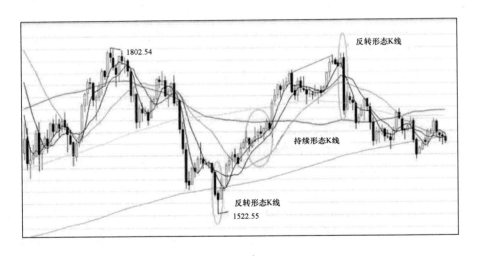

图3

　　除以上罗列的反转形态K线及其组合，其他形态的K线还有冉冉上升形和绵绵阴跌形；上升抵抗形和下降抵抗形；上涨两颗星和上涨三颗星；以及黑三兵和两黑夹一红及影线等。这些K线形态在金市中都有非常重要的参考价值，炒金学员们有必要将本书中涉及的K线，全部记熟、吃透。

　　在大盘趋势的末期，再好的K线形态都要引起注意。因为那时，K线形态会失去参考作用，但反转形态K线除外。

（四）移动平均线：细腻而温和的五线谱

移动平均线又称均线，默认情况下移动平均线共 6 条，分别是 5 日、10 日、30 日、60 日、120 日、250 日。我们常见的用法是，在日 K 线图上保留 5 日、10 日和 30 日均线，然后再结合 K 线、趋势线等进行分析。

以上就是我们对 2 元 4 联技术的一个简单描述，总的说来，2 元 4 联分析系统应该分为 2 元、4 联、炒金日记表三个部分。我们要将这三个方面全都掌握、融会贯通，那么应用 2 元 4 联技术到炒金市场，将无往而不利。

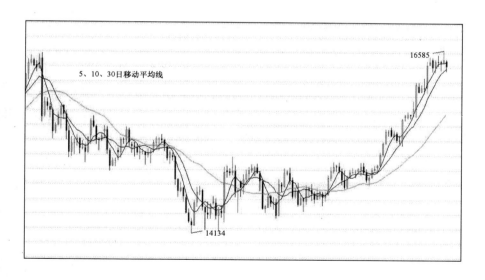

图 4

第五章
4联4元素解析

一、次高低技术解析

（一）次高低概述

　　先解释一下什么是次高低，如图5所示，1、2、3、4、5、6部位是次高点，A、B、C、D、E部位是次低点。从次高点开始金价会大幅下降；从次低点开始金价会大幅上升。另外，次高低在形态上表现越明显，它所显示的信息越准确。

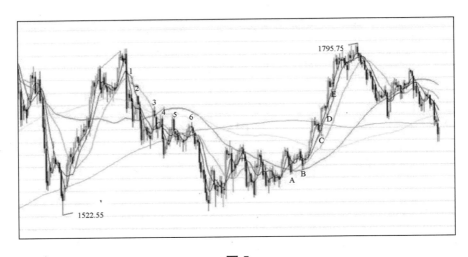

图5

（二）次高低与趋势线

次高低的技术含义非常简单，在"次高低概述"一节中便可了然。但要想对次高低理论完全的理解通透，也不是件简单的事，知其然，还要知其所以然，下面我们就从次高低与趋势线的关系，从它的形成到它的结束，这一循环往复的过程进行讲解。

1. 次高低的形成，从突破趋势线开始

通常，新一轮的次高低的形成，都是从趋势线被有效突破开始，如图6所示，金价突破趋势线后，回抽并止于旧趋势线，当金价再次上扬，便形成了一个新的谷底B，即第一次低点。与此同时，也确认了大转折点A的形成，A点与B点相连，便是旧趋势线被有效突破后，第一根新的反向趋势线产生。在趋势线中，新的反向趋势线的形成，在技术含义上代表着与原趋势相反的新趋势的开始，并且这里往往会有一段较好的升势，这为第一次低点入市做多的大好时机提供了理论依据。

次高点在理论上与次低点相同，只是方向不同，不再赘述。

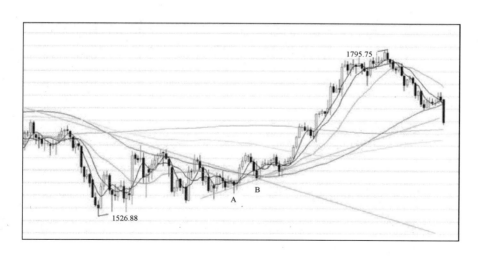

图6

2. 第一次高低的形成

如图7所示，在金价突破趋势线后，形成回抽并止于旧趋势线，在金价开始反向扬升的时候，随着第一根反向新趋势线的形成，第一次低点 A 便告形成。

要注意：第一次高低形成的关键在于，旧趋势线被突破之后，突破后有两种可能，一种是金价又回到旧趋势线之内，形成同向新的趋势线，这时要按照原趋势的方向去做。另一种是旧趋势线被有效突破，即金价突破旧趋势线之后，回抽并止于旧趋势线，当金价再次反向扬升时，即是重仓入市的好机会。

第一次高低的产生源于旧趋势线被有效突破，及反向第一根新趋势线的产生这两个条件，是次高低循环获利的第一次好机会。

图 7

3. 第二次高低的形成

第二次高低的形成，是在第一次高低形成之后又一个重要的关键点，它是所有的次高低中最可靠的入市点。

如图8所示，从旧趋势线被有效突破、回抽、金价再次上扬、产生第一次低点 A，然后依据趋势线被触碰的必到值 3，金价必然回落，并第三次触及趋势线，当金价再次开始反转向上，则第二次低点 B 产生。

第二次高低为什么是最可靠的入市点呢？因为它的形成，是处于趋势线理论中必到值 3 的环境中。

如图 8 所见，趋势线被金价触及的必到值是 3，并且在这里，趋势线无论支撑还是压力都是最强的地方，所以我们认为第二次高低是最佳的入市点，也是我们等待的最佳机会。

图8

4. 之后的次高低

之后的次高低，相当于由第一及第二次高低的惯性产生，是第一和第二次高低的延续，通常次高低的个数最多可达到 6，如图 9 所示。

从第三次高低点起，一直到当前趋势线被有效突破，每一个次高低点都可能带给我们获利的机会。但每一次当金价临近当前趋势线的时候，我们都要万分警惕，因为金价随时可能穿越当前趋势线，形成一个新的相反方向的趋势，这时如果你仍旧按原趋势去做的话，便很容易犯错。

这时，趋势线在这里会扮演一个判官的角色，如果金价在趋势线之内反转，那么可以大胆地按原趋势去做；如果金价穿越了趋势线，那么就要另做打算了。

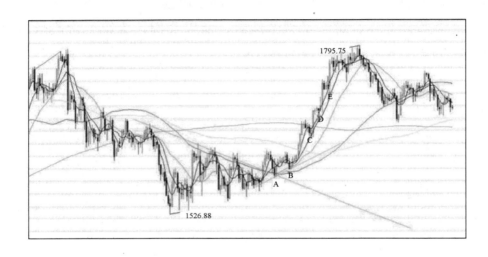

图 9

5. 次高低从突破趋势线结束

次高低最大的特点就是从突破趋势线开始，也是从突破趋势线结束，并且整个过程都与趋势线密切相关。

如图 10 所示，分析次高低要结合趋势线的角度环境，依据金价触碰趋势线的必到值 3 和极值 7，次高低的结束通常是在第二次高低之后，第三次高低到第六次高低之间。在这期间，每次当金价临近趋势线的时候，都要做好金价可能穿越趋势线的准备，一旦金价有效突破旧趋势线，并形成一根新的反向趋势线，则宣告旧的趋势已经结束，新的趋势已经开始。这时，要及时分辨出新的第一次高低点，不要错过入市的良机。

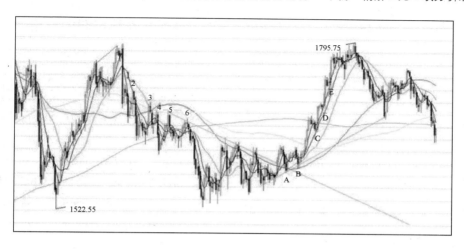

图 10

（三）关于次高低的总结

要想准确地识别次高低，首先要学会画趋势线，其次甄别出次高低从哪里开始，到哪里结束。

在大盘上，除了宏观上分辨出那些较明显的次高低之外，有些不起眼的小波浪形成的次高低点，也不要忽视，因为它同样关系着金价未来的走势。

稳健型投资者只需做第一次高低和第二次高低，不要理会最高点和最低点，尽管那里也有获利的可能，激进型投资者可适度在第三至六次高低点顺势建仓。

总之，次高低来源于趋势线环境，它与趋势线互相依存。待炒金学员们吃透了次高低与趋势线，然后再回归金市大盘，一切将变得简单。

有些人做炒金，就像盲人赛跑，不知道起点，弄不清方向，看不到终点，所以他们最后只能变成金市的殉葬品。在次高低理论中，包含了起点、过程、终点，并指明终点即起点这一循环往复的逻辑。所以，炒金学员们精通了次高低和趋势线，便有了胜券在握的资格。

二、趋势线技术解析

趋势线简单易学，但它对大盘的中长期走势有着相当重要的作用，金市中有句俗语"不要与趋势抗衡"，就是说要跟着趋势走，要顺势而为，这一点的确是金市良言，请炒金学员们谨记。

（一）趋势线概述

如图 11 所示，趋势线的绘制方法很简单，将两个明显的波峰连成一条直线，便是下降趋势线；将两个明显的波谷连成一条直线，便是上升趋势线。当我们连接趋势线的时候，要将尽可能多的波峰、波谷连接进来。

趋势线并非一成不变，有时在一张图上可以得到许多条上升趋势线或下降趋势线。从方向上来说，趋势线可分成上升趋势线和下降趋势线，上升趋势线预示金价的趋势是向上的；下降趋势线预示金价的趋势是向下的。

从时间上来说，趋势线可以分为长期趋势线（跨度为几年）、中期趋势线（跨度为几个月）、短期趋势线（跨度为几天至 3 个月），它们分别对长、中、短期趋势起作用。

从绘制趋势线来说，最常见的问题是角度和峰谷之间的距离，一般来说，角度在 70 度之内，及两个波峰或两个波谷的距离看上去较合理即可。超出正常角度和正常峰谷距离的趋势线，所反映出来的信息也不准确。

趋势线对后市金价会产生影响，上升趋势线会支撑金价，下降趋势线会压制金价，直到趋势线被有效突破后，金价下一步的走势将沿着新的趋势线运行，原有趋势线的作用会转换，支撑变为压力，压力变为支撑。

图 11

如图 12 所示，趋势线被金价触及的次数越多，倾斜角度越小，形成的时间越长，则其预测金价波动的可靠性就越大。这里涉及一个趋势线被金价触及次数的"必到值"与"极值"的概念，一般来说，金价有了两次触碰趋势线之后，第三次触碰趋势线是必到值，而金价最多七次触碰同一条趋势线是最大值，即极值是七。

依据金市分析中，从涨落两个方面分析加权的原理，我们要求绘制和分析趋势线，也要同时从上升趋势线和下降趋势线两个方向来进行。

通常，分析趋势线的顺序是，从产生趋势线开始，再到第三次必到值触碰、反弹或穿越、在极值第七次触碰之内，金价有可能做快慢组合、同向新趋势线产生等（之后会有详尽的讲解），最后，金价会有效突破当前趋势线，并产生新的反向趋势线，旧的趋势被终结、新的趋势便开始。

图 12

　　趋势线分析中，最大的难点在于当金价临近趋势线的时候，这个时间段，很难判断金价会反转还是会突破，尤其是到了必到值第三次触碰之后，一般这个时候往往还是金价涨跌的末期，既关键又危险。所以在这个时间段，在没有十足把握的前提下，最好袖手旁观，待趋势明朗之后，再入市捞金，如图 13 所示。

图 13

尽管金市涨跌不确定的因素很多，投资者为此追涨杀跌疲惫不堪，但它每一个时期运行的方向是很清楚的，金价只要在上升趋势线上方运行，就看多做多，在下降趋势线下方运行，就看空做空，这样操作就不会出大错。

（二）五种典型趋势线的绘制及其技术含义

1. 支撑线与压力线

支撑线与压力线是趋势线中最基本的两个形态，绘制的方法是将最近出现的、相邻的两个最有代表意义的高点或低点连接，即得到一根压力线或支撑线。如图14所示，从技术上来讲，支撑线的出现主多方力量正日益强大，反之，压力线的出现主空方力量正日益强大。通常，金价在第三次触碰趋势线时，反转的力度为最大，第三次触碰之后，金价随时会穿越趋势线，大势方向随之改变。

1777.69

1526.88

图14

2. 趋势线的快慢组合

趋势线的快慢组合形态，在金市大盘中非常常见，而且分析起来也比较简单，分为慢速上升趋势线和快速上升趋势线；慢速下降趋势线和快速下降趋势线。区分快慢趋势线的特征是，慢速趋势线的角度比较平缓，快速趋势线的角度比较陡峭。它们的组合分为两种，一种是同向快慢趋势线组合，另一种是异向快慢趋势线组合，如图 15 所示。

图15

从技术上来讲，同向快慢趋势线组合是良性的，反之，异向快慢趋势线组合则要引起注意，如图 16 所示。要明确这一点，我们必须要在根本上进行分析，首先要明确的一点是，慢速趋势线相对快速趋势线对金价的支撑力量时间较长、较稳定。所以，无论在空间上还是时间上，快速趋势线都很容易转变。所以无论快慢趋势线是什么样的组合，最终都要以慢速趋势线为主。

我们在实际操作中只要记住，只要金价在慢速趋势线上方运行就看多做多，只要金价在慢速趋势线下方运行就看空做空。不要去理会金价的短期波动，在本来大趋势已经明朗的时候，不要轻易去抢反弹。

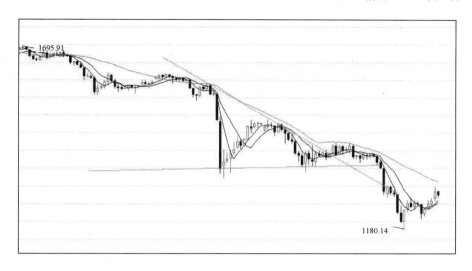

图 16

3. 新的同向趋势线产生

如图 17 所示，所谓的新的同向趋势线产生，就是在原趋势线被破位之后，金价又反转回来，并且之后又创新高或新低，这时我们就要重新修订趋势线了。新的同向趋势线分为两种，一种是新的上升趋势线，另一种是新的下降趋势线。

从技术上来讲，新的上升趋势线是做多信号，并且新的上升趋势线出现后，往往会有一段较好的升势，另外还要注意，新的上升趋势线出现后，原有的上升趋势线就会失去参考意义。新的下降趋势线出现后，则是做空的大好时机，同样会有一段较好的降势。新的下降趋势线出现后，原有的下降趋势线将失去参考意义。

炒金学员们有时面对大盘绘制趋势线的时候，在新的同向趋势线产生之后，往往会感到有些疑惑，不知道该怎样去重新绘制一条新的趋势线，这里我与大家说说我的经验，当新趋势线的转折点出现后，我只以此点为起点，然后向回画，与原趋势线起点相连即可。

图 17

4. 新的反向趋势线产生（趋势线被有效突破）

趋势线怎样才算被有效突破呢？传统的观念是，金价距离破位处的差幅是 3% 以上，并且金价游离在旧趋势线之外的时间要在 3 天以上。这一观念只是在数字上对趋势线是否被有效突破提供了一个概念，在实际操作中并不怎么管用。但是这一概念可以提供给我们一个大概的参考。

如图 18 所示，通常趋势线是否被有效突破，除了依据传统的时间和空间的数据之外，它常常会产生一个非常关键的特征，那就是金价穿越旧趋势线，回抽并止于旧趋势线附近，这一点本身是一个模糊验证，但常常是有效的。

我们解释一下，为什么回抽是趋势线被有效突破的关键特征，在"趋势线概述"一节里我们讲过，趋势线被有效突破后，它的作用会由支撑转为压力，或由压力转为支撑。这就是为什么金价产生回抽后止于旧趋势线再反转。有了回抽，便产生了一个新的转折点，只有有了这个转折点，才可能形成一根与旧趋势方向相反的新的趋势线。并且在这个时候，方可认定新趋势的产生，通常稳健型投资者的入市操作都会从这里开始。

趋势线被有效突破的程序一般为，旧的趋势线通常在经过了金价的三次触碰之后，然后金价运行到趋势线附近，在极值七次触碰之前，总有一次趋势线会被有效突破，然后回抽并止于旧趋势线，金价再次反向扬升的时候，旧的趋势线便宣告已经被有效突破。

这里提醒一下炒金学员，趋势线被有效突破的程序中，有一个"金价临近趋势线"这一环节，请炒金学员们注意，在趋势线可能被有效突破的时间段，只要金价涨落到趋势线附近，就一定要引起高度的重视，因为从某种意义上来说，在金价临近趋势线时，已经没有了趋势。此时最稳健的办法就是平仓了结，袖手旁观。

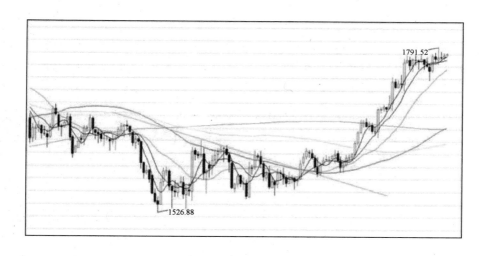

图 18

在金市中，趋势线被突破是常有的事，炒金新手往往对此备感迷惑，但不论多复杂的事，只要被理解了就会变得简单。趋势线被突破后，只能产生两种情况，一种是趋势线被有效突破，另一种是新的同向趋势线的产生。掌握了这一点，"趋势线被突破"这件事就变得简单而清晰了。

每一个新趋势的产生，总会由旧趋势线被有效突破开始，然后新的趋势再被突破，产生下一个新的趋势。这期间，时间上有长有短，空间上有大有小，令人难以琢磨。金价的运动就是这样，依照它特有的规律，循环往复，周而复始。

5. 另一方趋势线的绘制（涨跌的空间衡量）

做炒金一定要从正反两个方向去考虑问题，这样你犯错的概率就会大大减少。画趋势线也是这样。

如图 19 所示，在 9 月 14 日那天，当前趋势为第三次向上的快慢组合，趋势向上无疑，但此时如果你真的入市做多，则是大错特错。

图 19

请看上面那条压力线，它非常明确地说明了问题，金价在大力扬升之后，触及了这条趋势线（是第三次触及），就在那里金价盘整了一个星期，然后小幅下行。

之后无论金价是涨是跌，那是之后的事了，这里只讨论上下两方趋势线，对涨跌的空间衡量问题。还是以图 19 为例，无论你在图中的哪个地方，无论是买涨还是买跌，除了在你自己认可的方向上画好趋势线之外，还要在另一方向再画一条趋势线，用以预测自己的获利空间，待金价真的到达另一方趋势线附近时，要记得及时平仓了结，待金价远离趋势线时再做打算。

三、K 线技术解析

（一）K 线的组成和分类

K 线起源于日本，用于大米市场，计算米价每日涨跌所使用的图示方法。后来被引用到证券交易市场，效果明显，因此就逐渐流行起来。从 K 线图中，投资者可以捕捉买卖双方力量对比的变化，并可以进一步分析预测金价的未来走势。

1. K 线的组成

K 线又称阴阳线或阴阳烛，是由金价的开盘价、收盘价、最低价和最高价组成。K 线是一条柱状的线条，由实体和影线组成，在实体上方的影线称为上影线；在实体下方的影线称为下影线。实体分为阳线或阴线，当收盘价高于开盘价时，实体部分一般是红色或白色，称为阳线；当收盘价低于开盘价时，实体部分一般是绿色或黑色，称为阴线。如图 20 所示。

利用 K 线，投资者可以对变化多端的金市行情，有一目了然的直接感受。K 线最大的优点是简单易懂，并且运用起来十分灵活。最大的特点在于，忽略了金价在变化过程中的各种纷繁复杂的因素，而将其基本特征显示在投资者面前。

图20

2. K 线的分类

K 线按形态来分，分别是阳线、阴线和同价线。阳线按实体大小可分为大阳、中阳和小阳；阴线按实体大小可分为大阴、中阴和小阴。同价线是指，收盘价几乎等于开盘价的一种特殊 K 线，同价线常以"十"字形或"T"字形表现出来，所以又称十字线或 T 字线。同价线按上下影线的长短、有无，又可分为长十字线、十字线、T 字线或倒 T 字线。

K 线按时间来分，可分为日 K 线、周 K 线、月 K 线和年 K 线，以及将 1 日内交易时间分成若干等份，如 1 分钟 K 线、5 分钟 K 线、10 分钟 K 线、15 分钟 K 线、30 分钟 K 线、60 分钟 K 线等。不同的 K 线有不同的作用，日 K 线是反映金价的短期走势，是最常用的一种 K 线图，周、月、年 K 线反映的是金价的长期走势，分钟 K 线反映的是金价的超短期走势。

K 线包含的信息是相当丰富的，一般来说，上影线和阴线的实体表示金价的下压力量，如果上影线和阴线的实体较长，说明金价的下跌动量比较大。下影线和阳线的实体表示金价的上升力量，如果下影线和阳线的实体比较长，就说明金价的上升动力比较强。

这里提醒一下炒金学员，在实际操作中，不要忽略影线的存在，它对判断大盘下一秒的走势起到很关键的作用。如果将多根 K 线按不同规则组合在一起，就会形成不同的 K 线组合，这样的 K 线形态所包含的信息就更加丰富。如在升势中出现"乌云盖顶" K 线组合，表示升势已结束。在跌势中出现"旭日东升" K 线组合，表示金价可能见底回升。

总之，K 线包含了金市中涨落的信息，并且准确地告诉投资者，什么时间买进、什么时间卖出，继续看涨还是继续看跌，或干脆离场观望。

下面，我们将精心总结出的 52 种 K 线形态一一列出，希望炒金学员们用心将它们熟练掌握，并能灵活应用到炒金实战当中。

（二）52 种 K 线形态

1. 见底 K 线组合

（1）早晨十字星和早晨之星。

早晨十字星，又称希望十字星，出现在下跌趋势中，由三根 K 线组成，第一根 K 线为阴线，第二根 K 线为十字星，第三根 K 线为阳线，并且第三根 K 线的实体深入到第一根 K 线实体之内，如图 21 所示。

早晨十字星的技术含义是：金价经过大幅回落后，做空的能量得以充分释放，金价无力再创新低，大盘呈现见底回升态势，这是较明显的大势转向信号。

早晨之星，又称希望之星，出现在下跌趋势中，与早晨十字星相似，它们的区别是：早晨十字星的第二根 K 线是十字线，而早晨之星的第二根 K 线是小阳线或小阴线。早晨之星也是一种见底回升的信号，但其信号不如早晨十字星强。

图 21

（2）好友反攻、曙光初现和旭日东升。

好友反攻出现在下跌趋势中。由一阴一阳两根 K 线组成。第一根 K 线是大阴线，接着跳空低开，而收盘时却收出一根中阳或大阳，并且收在前一根大阴线的收盘价附近，或相同的位置上。好友反攻也是一种常见的见底信号，它提示投资者不要再盲目看空了，如图 22 所示。

曙光初现出现在下跌趋势中。由一阴一阳两根 K 线组成，先是出现一根大阴线或中阴线，接着出现一根大阳线或中阳线，并且阳线的实体深入到阴线实体的 1/2 以上位置。曙光初现的阳线实体深入阴线实体的部分越多，则见底转势信号越强。曙光初现的见底转势信号比好友反攻要强。

旭日东升出现在下跌趋势中。由一阴一阳两根 K 线组成，先是出现一根大阴线或中阴线，接着出现一根高开的大阳线或中阳线，并且阳线的收盘价已高于前一根阴线的开盘价。旭日东升的阳线实体高出阴线实体的部分越多，则见底转势的信号越强。旭日东升的见底转势信号比曙光初现和好友反攻都要强。

图 22

（3）锤头线和倒锤头线。

锤头线，阳线和阴线的实体很小，下影线大于或等于实体的两倍，一般没有上影线，即使有也短的可以忽略不计。锤头线是一种转势信号，锤头实体越小，影线越长，其转势作用越强，如图 23 所示。

图 23

如图所见，倒锤头线阳线和阴线的实体很小，上影线大于或等于实体的两倍，一般没有下影线，即使有也短的可以忽略不计。倒锤头线也是一种转势信号，锤头实体越小，影线越长，其转势作用越强。

（4）平底和塔形底。

平底，又称钳子底，出现在下跌趋势中。由两根或两根以上的 K 线组成，但这些 K 线的最低价都在同一水平位置上。平底是见底回升的信号，它所提示的金价反转信号，是建立在较大跌势之后的前提下。塔形底，因其形状像一个倒扣的塔顶而命名。其特征是：在一个下跌行情中，金价在拉出一根大阴线之后，跌势开始趋缓，出现了一连串的小阴、小阳，随后窜出一根大阳，这时升势确立，如图 24 所示。

一般来说，金价在低位形成塔形底后，往往会有一段较大的涨势出现，投资者见此 K 线组合后，应适量跟进做多。

图 24

（5）低挡五阳线和连续跳空三阴线。

低挡五阳线，又称下挡五阳线，其特征是：在下跌持续一段时期后，K 线图连续出现了五条阳线（有时可能是六条、七条），表示在此价位多方的承接力量较强。

低挡五阳线的出现，预示着金价可能见底，或到了一个阶段性底部。这是一个买入信号，投资者如果逢低吃进，风险不大，短线获利机会较多。

连续跳空三阴线的特征是：在下跌途中，连续出现了三根跳空低开，下跌的阴线。这时金价往往已经见底。金价在经过连续跳空三阴线后，若连续拉出一根或两根阳线，及时回补下跌的第三个缺口，就可以说明多方反攻在即，金价上升的可能性很大。投资者见此 K 线组合后，可适量买进，持筹待涨，如图 25 所示。

图 25

2. 见顶 K 线组合

（1）黄昏十字星和黄昏之星。

黄昏十字星的特征是：金价经过一段时间上涨后，出现一根等价十字线，接着第二天跳空拉出一根下跌的阴线。黄昏十字星的出现，表示金价已经见顶，或离顶部不远，金价将由强转弱，一轮跌势将不可避免。

　　黄昏之星出现在上升趋势中，由三根 K 线组成，第一根 K 线是一根实体较长的阳线，第二根 K 线是一根实体较短的阳线或阴线，如果是阴线则其下跌力度要强于阳线，第三根 K 线是一根实体较长的阴线，并深入到第一根 K 线实体之内，如图 26 所示。

　　黄昏之星是金价见顶回落的信号，预测金价下跌的可靠性较高，所以投资者见此 K 线组合，不宜再继续买涨，而要考虑离场或反手做空。

图 26

　　（2）淡友反攻、乌云盖顶和倾盆大雨。

　　如图 27 所示，淡友反攻的特征是：在上升行情中，在出现大阳或中阳的次日，金价跳空高开，但上攻无力，继而下跌，其收盘价与前一根阳线的收盘价相同或相近，形成一根阴线。

　　乌云盖顶的特征是：在上升行情中，出现了一根大阳或中阳之后，次日金价跳空高开，但没有高走，反而高开低走，收了一根大阴或中阴，阴线的实体已经深入到阳线实体的1/2以下处。

　　倾盆大雨的特征是：在金价有了一段升幅之后，先出现一根大阳或中阳，接着出现了一根低开低收的大阴或中阴，其收盘价比前一根阳线的开盘价还要低。

淡友反攻、乌云盖顶和倾盆大雨均为见顶转势信号，并且转势信号次第增强。

图 27

（3）高挡五阴线和下降覆盖线。

高挡五阴线的特征是：在上涨持续一段时间后，K 线图连续出现了五条阴线（有时可能六条、七条），表示在此价位空方力量已很强大。高挡五阴线也是一种见顶信号，表示金价随时可能见顶反转。

下降覆盖线出现在上涨行情中，由四根 K 线组成，前两根 K 线构成一个穿头破脚形态，即第二根 K 线的实体完全包括了第一根 K 线的实体；第三根 K 线是一个中阳或小阳，但其实体通常要比前一根阴线的实体短；第四根 K 线是一个中阴或小阴，阴线实体已经深入到前一根阳线实体之中。如图 28 所示。

下降覆盖线的出现，在技术上是一种见顶信号，即金价已比较高，随后下跌的可能性比较大。

图 28

（4）连续跳空三阳线和升势受阻。

连续跳空三阳线的特征是：在升势中，多头气盛，连续跳空高开，拉出了三根阳线。由于一鼓作气，再而衰，三而竭，多方用尽了最后的力气。此时，若空方趁机组织力量反攻，多方就无力抵抗。所以，在上涨途中出现连续跳空三阳线 K 线组合，往往是涨势到头的征兆，这预示金价不久就会由涨转跌。因此，投资者见此 K 线组合，就要做转向的准备，多头操作，以抛离为宜。

升势受阻出现在上涨行情中，由三根阳线组成，这三根阳线的实体越来越小，最后一根阳线的上影线很长。升势受阻的三根阳线的实体越来越小，给人一种虎头蛇尾的感觉，并且最后一根 K 线的上影线很长，表面上挡卖压沉重。投资者在经过一段涨幅后，出现的升势受阻 K 线组合时，要做好抛离、转向的准备，如图 29 所示。

（5）阳线跛脚形和升势停顿。

阳线跛脚形的特征是：金价经过一段较大幅度的上涨后，连续出现了三根或三根以上的阳线，后面的两根阳线都是低开，且最后一根阳线的收盘价比前面一根阳线的收盘价要低。

图 29

在涨势中出现阳线跛脚形，暗示着上挡抛压沉重，是一个卖出信号，特别是出现在金价大幅上涨之后，这个卖出信号就更可靠。

升势停顿的特征是：在上升行情中，当连续出现两根相对较长的阳线之后，第三根阳线的实体一下缩得很小，这反映升势可能停顿。

升势停顿出现在涨势中，尤其是金价已有了很大升幅之后，表明做多的后续力量已经跟不上了，金价随时会出现回落，如图 30 所示。

图 30

3. 上升形态 K 线组合

金价见底后，即金价经过大幅连续下跌后，看到了见底信号 K 线图，但有时金价不会立即展开上攻，而是在底部反复震荡洗盘。这时并非是买入黄金的最佳时期，其实最佳买入黄金的时间，是上涨行情的初期和中期。即看到上升形态 K 线图的时候。

（1）红三兵和冉冉上升形。

红三兵的特征是：在上涨趋势中，出现了三根连续创新高的小阳线。红三兵是推动金价上涨的信号，一般来说，在金价见底回升或横盘后，出现红三兵，表明多方正在积蓄力量，准备发力上攻。

冉冉上升形的特征是：金价经过一段时间的盘整后，出现了向上倾斜的一组小 K 线，一般不少于六根，其中小阳线居多，这种不起眼的小幅上升走势，就如冉冉上升的旭日，故名为冉冉上升形。

冉冉上升形往往是金价日后大涨的前兆，投资者见此 K 线组合，可先试着做多，如日后金价出现拉升，再继续加码买进，如图 31 所示。

图 31

（2）徐缓上升形、稳步上升形和上升抵抗形。

徐缓上升形的特征是：在上涨行情的初期，连续出现几个小阳，随后出现一两根中阳或大阳。在金价刚刚启动或横盘后，金价往上抬升时，出现徐缓上升形 K 线组合，表明多方力量正在逐步壮大，后市虽易有波折，但总趋势向上的格局已初步奠定。投资者看到该 K 线组合，可以适量跟进。

稳步上升形的特征是：在上涨的过程中，众多阳线中夹杂着较少的小阴线，金价一路上扬。如果后面的阳线，对插入阴线覆盖速度越快、越有力，则上升的潜力就越大。稳步上升形的出现，表明金价仍会继续上涨，这是一个做多信号，投资者见到该 K 线组合，应以持筹为主，不要轻易卖出。

上升抵抗形的特征是：在金价上升过程中，连续跳高开盘，收出众多阳线，其中夹杂着少量阴线，但这些阴线的收盘价，均比前一根 K 线的收盘价高。金价上升时出现上升抵抗形，是多方力量逐渐增强的一种表现，显示日后金价仍会继续上涨，在少数情况下，还可能出现加速上扬态势。投资者见此 K 线组合，可以考虑适量买进。

从推动金价上涨的短期作用来说，力量最强的是上升抵抗形，其次是徐缓上升形，再次是稳步上升形，最后是冉冉上升形。但这仅仅对短线操作具有参考价值，对中长线操作而言，不急不慢的上升走势反而更让人放心。如果金价已有了一大段涨幅，再好的 K 线形态，投资者都要注意风险，如图 32 所示。

（3）下探上涨形和上涨两颗星。

下探上涨形的特征是：在上涨行情中，某日金价突然大幅低开，但当日却引出一个大阳线报收，从而在 K 线图中拉出一根低开高走的大阳线，这就构成了先下跌后上涨的形态，故名为下探上涨形。

从技术含义上来说，下探上涨形，往往预示着后面将有一段较好的上涨行情。如果这种 K 线组合出现在涨势的初期，就是一个可靠的

图 32

买入信号。

　　上涨两颗星的特征是：在上涨初、中期出现，由一大两小三根 K 线组成。在上涨时，先出现一根大阳或中阳，随后在这根 K 线的上方出现两根小 K 线，可以是小十字线，也可以说是很小的阳线或阴线。上涨两颗星的出现，表明涨势仍会继续，即金价很可能在短期内展开新一轮的升势，如图 33 所示。

图 33

（4）上涨三颗星和上升三步曲。

上涨三颗星的特征是：在涨势初、中期出现，由一大三小四根 K 线组成。在上涨时先出现一根大阳或中阳，随后在这根 K 线的上方，出现了三根小 K 线，既可以是小十字线，也可以是实体很小的阳线或阴线。上涨三颗星与上涨两颗星的含义相同，并且很少出现。

上升三步曲，又称升势三鸦。其特征是：在上升途中出现，由五或六根 K 线组成，首先拉出一根大阳线，接着连续出现三四根小 K 线，随后出现一根大阳或中阳，其走势有点类似英文字母“N”。

上升三步曲的 K 线组合中，如果有三连阴出现，投资者不要认为金价就会转弱，如果等到第五根大阳线出现后，就可以认定它是一个买入信号，要敢于买进，持筹待涨，如图 34 所示。

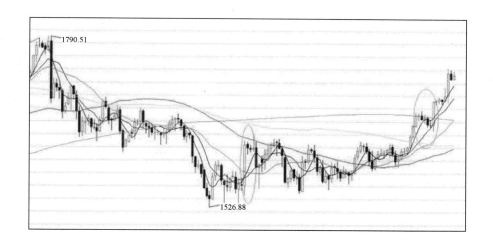

图 34

（5）多方尖兵和两红夹一黑。

多方尖兵的特征是：金价在上升过程中，遇到空方打击，出现了一根上影线，金价随之回落整理，但多方很快又发动了一次攻势，金价穿越了前面的上影线。

多方尖兵的技术含义是：多方在发动大规模攻击前，曾做过一次试探性的进攻，在 K 线上留下一根较长的上影线，有人把它比喻成深入空方腹地的尖兵。多方尖兵的出现，表示金价会继续上涨。

两红夹一黑的特征是：左右两边是阳线，中间是阴线，三根 K 线的中轴基本上是处在同一水平位置上，两根阳线的实体一般比阴线实体长。

在上涨趋势中，特别是在涨势的初期，表示金价经过短暂的休整，还会继续上涨。但两红夹一黑，也可以出现在跌势中，暗示金价会暂时止跌，或有可能见底回升。总之，两红夹一黑不论是出现在涨势中或跌势中，起的作用都是领涨，如图 35 所示。

图 35

（6）跳空上扬形和高位并排阳线。

跳空上扬形，又称升势鹤鸦缺口。其特征是：在上升趋势中，出现了一根跳空上扬的阳线，但第二天金价不涨反跌，拉出一根阴线，不过其收盘价收在其前一天跳空处附近，但缺口并没有被填补。

跳空上扬形的出现，表示金价在攀升过程中遇到一些麻烦，但之

— 72 —

后多方经过努力，克服或战胜了这一挫折，继续把金价往上推。跳空上扬形，是一个继续看涨信号，常出现在上升行情的初、中期，然后经短暂的调整，就开始向上发力进攻。

高位并排阳线，又称升势恋人肩并肩缺口。其特征是：在上涨行情途中，两个有着大约相同开盘价格的阳线，跳空升起，与前一日的阳线之间形成一个缺口。

高位并排阳线的出现，表明金价还会继续上涨，其缺口会成为今后一段时期内，金价运行的支撑区域，即当金价下跌至该区域时，一般能够得到较强的支撑，如图 36 所示。

图 36

4. 下降形态 K 线

（1）黑三兵和低挡盘旋形。

黑三兵的特征是：连续出现三根小阴线，其中最低价一根比一根低，因为这三根小阴线像三个穿着黑色服装的卫兵在列队中，故名为黑三兵。

请注意：黑三兵可以出现在下跌行情中，也可以出现在上涨行情中。黑三兵在上升行情中出现，特别是金价有了较大升幅之后，暗示着行情快要转为跌势；黑三兵如果在下跌行情后期出现，暗示着探底行情即将结束，并可能转为一轮升势，如图 37 所示。

所以，见到黑三兵 K 线组合，应根据其所在位置，决定投资策略。即在上升行情中出现黑三兵，适量做空；在下跌行情中出现黑三兵，要适量做多。对于黑三兵的实际作用，说它是一种转折形态 K 线组合更为贴切。

低挡盘旋形的特征是：金价经过一段下跌后，进入了小阴、小阳的横向整理，随后出现一根跳空下跌的阴线，将前一段整理格局打破。

如图所见，低挡盘旋形 K 线组合的出现，表明新一轮跌势的开始，前面小阴、小阳的横向整理，只不过是跌势中的盘整而已。

图 37

（2）空方尖兵和两黑夹一红。

空方尖兵的特征是：金价在下跌过程中，遇到多方反抗，出现了一根下影线，金价随之反弹，但空方很快又发动了一次攻势，金价就穿越了前面的下影线。

空方尖兵的技术含义是：空头在杀跌前，曾做过一次试探性的进攻，在K线上留下了一根较长的下影线，有人把它视为深入多方阵地的尖兵，这就是空方尖兵的由来。空方尖兵的出现，表示金价还会下跌。投资者见此K线，要以做空为主。

两黑夹一红的特征是：左右两边是阴线，中间是阳线，两根阴线的实体一般要比阳线实体长。

在下跌行情中，尤其是在下跌的初期，出现两黑夹一红K线组合，表明金价经过短暂整理后，仍会继续下跌。两黑夹一红也可以出现在上涨行情中，表明金价升势已尽，很有可能见顶回落，如图38所示。总之，无论在升势中，还是降势中，两黑夹一红的主要作用都是领跌。

图38

（3）绵绵阴跌形和徐缓下跌形。

绵绵阴跌形常在盘整后期出现，由若干根小K线组成，一般不少于六根，其中小阴线居多，中间也夹杂着一些小阳线、十字线，但这些K线排列呈现略微向下倾斜状。

绵绵阴跌，虽跌幅不大，但犹如黄梅天的阴雨下个不停，从而延长了下跌的时间，金价很可能长期走弱。金市中有句俗语"急跌不怕，最怕阴跌"，因为有经验的投资者知道，金价急跌后，恢复也很快，但阴跌就不同，往往下跌无期，对多方杀伤相当厉害。投资者见此 K 线，要做好长期看空的准备。

徐缓下跌形的特征是：在下跌行情的初期，连续出现几根小阴线，随后出现一二根大阴或中阴。

徐缓下跌形是一个明显的做空信号，因为在该 K 线组合中，最后的大阴线表明空方力量正在逐步壮大，后市虽易有波折，但总趋势向下的格局已定。投资者见此 K 线组合，应以做空为主，如图 39 所示。

图 39

（4）下降抵抗形和下跌不止形。

下降抵抗形的特征是：在金价下降过程中，连续跳空低开，并收出众多阴线，其中夹杂着少量阳线，但这些阳线的收盘价，均比前一根 K 线的收盘价要低。

下降抵抗形 K 线组合，反映多方不甘心束手就擒，不时地组织力量进行反抗，但终因大势所趋，无力回天，在空方的打击下，金价又出现惯性下滑。投资者见此 K 线组合，应以做空为主，不可轻易去抢反弹。

下跌不止形的特征是：在下跌过程中，众多阴线中夹杂着较少的小阳线，金价一路下滑。

下跌不止形的出现，表明金价仍会继续下跌，投资者见此 K 线组合后，要以看空为主，手中持有黄金的，要立即卖出，越早损失越少。

下跌不止形和绵绵阴跌形、徐缓下跌形、下降抵抗形的区别是：下跌不止形形成于下跌过程中，虽然出现少量上涨的 K 线，但仍然止不住下跌的趋势，这表明空头的力量占了上风；绵绵阴跌形出现在金价经过一段盘整的后期，反映空方力量正在悄悄的积累；徐缓下跌形是先小阴线下跌，然后拉出中、大阴线，反映空头势力日益强大；下降抵抗形是连续低开，说明盘中空头力量如日中天。如图 40 所示。

图 40

从推动金价下滑的短期作用来说，力量最大的是下降抵抗形，其次是徐缓下跌形，再次是下跌不止形，最后是绵绵阴跌形。但这只对短线操作有参考价值，对中长期多头操作而言，绵绵阴跌形走势最让人担心。

追涨杀跌最好的时机，在于涨跌的初期。利用 K 线技术，可以准确地捕捉金市中的这些机会。在这里，我们重申 K 线应用的重中之重，研究 K 线，一定要结合它所处的位置，或者说，这一 K 线是否出现在了它所应该出现的位置。没有正确位置的 K 线，它所发出的信号也不准确。

5. 特殊 K 线

所谓特殊 K 线，并非它们有什么特别的地方，而是从它们身上，能够提炼出不同于其他 K 线的技术含义，它们各自有着鲜明的技术特征，并折射出别具一格的市场信息。我们将它们编为五组，下面分别对它们进行讲解。

（1）大阳线和大阴线。

大阳线是指实体较长的阳线，可以略带上影线和下影线。可以出现在任何情况下，大阳线和其他大多 K 线不一样的地方在于，大阳线没有明确的主升或主降的功能，它必须以它所处的位置，来判断它对后市所起的作用。一般来说，强市中，大阳起助推的作用；弱市中，大阳往往是主力在诱多，上当者会在高位被套牢。大阴线与大阳线同理，只是方向相反，如图 41 所示。

（2）穿头破脚和身怀六甲。

穿头破脚，就是第二根 K 线将第一根 K 线从头到脚穿在里面。穿头破脚有两种形态，一种在底部出现，另一种在顶部出现。

穿头破脚的特征是：第二根 K 线的长度吞吃掉第一根 K 线的全部，上下影线不算。

从技术上来说，底部穿头破脚是金价止跌回升的信号；顶部穿头破脚是金价见顶回落的信号。

身怀六甲，又称母子线、孕线。其特征是：它必须由一根较长 K 线的实体部分，完全包括后面的那根较短的 K 线。如果在身怀六甲中，

图 41

较短的 K 线是一根十字线，就可以称为十字胎。之所以起名为"身怀六甲"，是因其 K 线形态像一个怀着小宝宝的孕妇。

身怀六甲是一种提示信号，也可以说是一种准逆转信号。在升势中，身怀六甲暗示金价向上推高力量已经减弱，多头行情已接近尾声，接下来可能是下跌行情。在跌势中，身怀六甲暗示金价下跌势头已经趋缓，很可能见底回升，或继续下跌空间已不大，市场正积蓄力量，等待机会反转向上。

穿头破脚和身怀六甲 K 线组合中的小阴、小阳或十字线，常常是 K 线形态中的锤头线、倒锤头线、长十字线或螺旋桨，这些 K 线本身就是大盘中最常见的反转形态 K 线，它们的组合使穿头破脚和身怀六甲的反转力度更大，如图 42 所示。

（3）长十字线和螺旋桨。

长十字线和螺旋桨是大盘中最常见的反转形态 K 线。常与早晨十字星和早晨之星、黄昏十字星和黄昏之星组合在一起，这样，反转的力度就会加大，如图 43 所示。

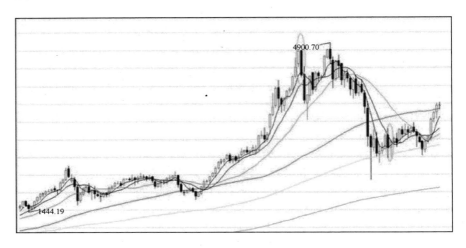

图 42

图 43

（4）锤头线和 T 字线。

T 字线可以看作是锤头线的变形，并且，二者的竖线越长，所发出的反转信号就越可靠。为了方便记忆，我们将锤头线、T 字线、长十字线和螺旋桨统称为反转形态 K 线。并且，它们也常常和早晨之星、黄昏之星等组合在一起，反转力度同样加大，如图 44 所示。

（5）影线。

影线在大盘中往往是被人们所忽视的元素，但这里，我要提醒炒

图 44

金学员们，影线的作用不容忽视，有时它甚至会成为成败的关键。

通常，上影线和阴线的实体，表示金价的下压力量，如上影线和阴线的实体比较长，说明金价的下跌动力比较大。下影线和阳线的实体，表示金价的上升力量，如果下影线和阳线的实体比较长，说明金价的上升动力比较强。上、下影线往往决定金市大盘下一秒的动向，如图 45 所示。

图 45

四、移动平均线技术解析

移动平均线是美国投资专家格兰维尔创建的，是由道氏金价分析理论的"三种趋势说"演变而来，将道氏理论具体地加以数字化，从数字的变动中去预测金价未来短期、中期和长期的变动方向，为投资决策提供依据。

移动平均线是炒金的一种最常用、最灵活的技术分析手段之一，是道氏理论的具体体现，是 K 线图的重要补充。因其直观、易懂，所以很受投资者的青睐。

（一）移动平均线概述

1. 移动平均线定义

移动平均线又称均线，是指一定交易时间内的算术平均线。下面以 30 日均线为例来说明一下，将 30 日内的收盘价逐日相加，然后除以 30，就得出 30 日的平均值，再将这些平均值依先后次序连成一条线，这条线就称为 30 日移动平均线，其他平均线算法以此类推。

在默认情况下，日移动平均线共 6 条，分别是 5 日移动平均线、10 日移动平均线、22 日移动平均线、66 日移动平均线和 270 日移动平均线。移动平均线可以动态显示、隐藏、修改等操作，后面会有更详细的讲解。

2. 移动平均线的分类

移动平均线按时间长短可分为三类，分别是短期移动平均线、中期移动平均线和长期移动平均线。一般都是以 5 日和 10 日为计算时间，作为短线买卖的依据，相对于 10 日移动平均线而言，5 日移动平均线起伏较大，特别是在震荡时期，买卖的信号很难把握。所以很多人做短线，常以 10 日移动平均线作为进出的依据。

中期移动平均线，通常都以 20 日、30 日和 60 日为计算时间，其中 30 日移动平均线使用频率最高。

长期移动平均线，一般都是以 120 日、150 日、200 日、250 日为计算时间，其中 120 日均线和 250 日均线使用较多。在日 K 线图中，看到的是日移动平均线；在周 K 线图中，看到的是周移动平均线；在月 K 线图中，看到的是月移动平均线；在年 K 线图中，看到的是年移动平均线。

3. 移动平均线的特性

移动平均线可以反映真实的金价变动趋势，即通常所说的上升趋势、下降趋势和震荡趋势。借助各种移动平均线的排列关系，可以预测金价的未来趋势。

在使用移动平均线时，还要注意到，平均金价与实际金价在时间上有所超前或滞后，很难利用移动平均线把握金价的最高点和最低点。另外，金价在盘整时期，移动平均线的买卖信号会过于频繁。

在使用移动平均线分析金价走势时，要注意以下五个特性：

（1）平稳特性。由于移动平均线采用的是平均金价，所以它不会像日 K 线图那样高高低低的震荡，而是起落平稳。

（2）趋势特性。移动平均线反映了金价的变动趋势，所以具有趋势特性。

（3）助涨特性。在多头或空头市场中，移动平均线向一个方向移动，持续一段时间后才能改变方向，所以在金价的上涨趋势中，移动平均线可以看作是多方的防线，具有助涨特性。

（4）助跌特性。与助涨特性相反，在下跌趋势中，移动平均线可以看作是空方的防线，具有助跌特性。

（5）安定特性。通常越长期的移动平均线，越能表现安定特性，即金价必须涨势真正明确后，移动平均线才会往上走；金价下落之初，移动平均线还是向上走的，只有金价下落显著时，移动平均线才会向下走。

（二）见底信号的移动平均线

移动平均线图形有很多，但可以大致分为四类，分别是见底信号的移动平均线、买进信号的移动平均线、见顶信号的移动平均线、卖出信号的移动平均线。下面，先来讲解一下见底信号的移动平均线。

1. 黄金交叉和银山谷

黄金交叉出现在上涨初期，由两根移动平均线组成。一根时间较短的均线，由下向上穿过一根时间较长的均线，并且时间较长的均线是向上移动的。

金价经过大幅下跌后，出现黄金交叉，这就是一个明显的见底信号，投资者可以积极地做多。在黄金交叉中，两线交叉的角度越大，见底信号越明显。日 K 线、周 K 线、月 K 线中出现黄金交叉的见底信号强度依次增强，如图 46 所示。

图 46

　　银山谷出现在上涨初期，由三根移动平均线交叉组成。三根均线形成一个尖头向上的不规则三角形，在银山谷形成过程中，尖头向上的不规则三角形的出现，表明多方力量积聚了相当大的上攻能量，是一个见底信号，也是激进型投资者的买进点，如图 47 所示。

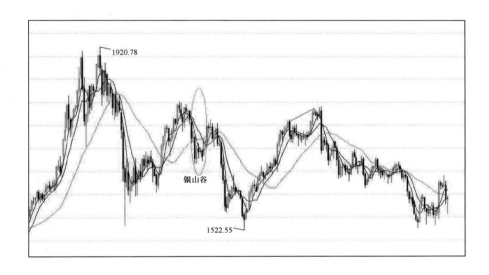

图 47

　　2. 加速下跌形和蛟龙出海

　　加速下跌形出现在下跌后期，在加速下跌之前，均线系统呈缓慢或匀速下跌，在加速下跌时，短期均线和中期、长期均线的距离越拉越大。

　　从技术上来说，加速下跌形是一种见底信号，它表示金价的下跌能量一下子得到较充分的释放，因而出现止跌现象。投资者见此图形就不要再盲目做空了，也可以适量买入一些筹码，等均线系统走好后再追加筹码，如图 48 所示。

　　蛟龙出海的意思是，均线系统像一条久卧海中的蛟龙，一下子冲天而起。其特征是：拉出大阳线，一下子把短期、中期和长期几根均线全部吃掉，有种过五关斩六将的气势。

图 48

　　蛟龙出海是明显的见底信号，说明主力已吸足筹码，现在要直拉金价，这时投资者可以买进，但要警惕主力诱多，所以投资者最好在拉出大阳线后，多观察几日，如果重心上移再加码追进，如图 49 所示。

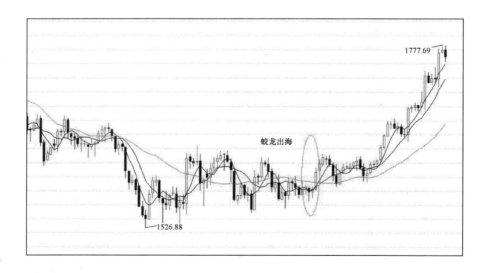

图 49

（三） 买进信号的移动平均线

买进信号的移动平均线共有八种，分别是多头排列、金山谷、首次粘合向上发散形、再次粘合向上发散形、首次交叉向上发散形、再次交叉向上发散形、上山爬坡形和逐浪上升形。

1. 多头排列和金山谷

多头排列出现在涨势中，由三根移动平均线组成，最上面一根是短期均线，中间一根是中期均线，最下面一根是长期均线，并且三根均线呈向上圆弧形，如图 50 所示。

多头排列是一个广义概念，后面所讲的首次粘合向上发散、再次粘合向上发散、上山爬坡形和逐浪上升形，都属于多头排列的范畴，在多头排列的初期和中期，可以积极地做多，在后期就应该谨慎。

通常，在上涨初期，当均线出现多头排列后，表明市场做多力量较强，往往会有一段升势，只要均线呈多头排列，途中出现一些形象不好的 K 线图，也不要慌张，否则就会被主力洗盘出局，让煮熟的鸭子飞了，就会后悔不已。

图 50

金山谷，一定出现在银山谷之后，并且金山谷的不规则尖头向上三角形，与银山谷是相同的，金山谷可处于银山谷相近的位置，也可高于银山谷，如图51所示。

从技术上来说，金山谷的买入信号的可靠性要比银山谷强，因为金山谷是对银山谷做多信号的再次确认，即多方力量积聚更加充分了，这时买入风险较小。金山谷与银山谷相隔时间越长、所处位置越高，则金价上升的潜力就越大。

图 51

2. 首次粘合向上发散形和再次粘合向上发散形

首次粘合向上发散形可以出现在下跌后横盘末期，也可以出现在上涨后横盘末期，几根粘合在一起的均线同时以喷射状向上发散，如图52所示。

在首次粘合向上发散形中，粘合时间越长，向上发散的力度就越大。还要注意在向上发散时，有时会昙花一现，最好还要有其他技术面的支持。在粘合向上发散的初期买进风险较小，越到后面风险越大。还有一点要注意，当均线发散时，线条间距离越大，则回调风险越大。

再次粘合向上发散形，即第二次粘合向上发散形，少数情况下也有第三次、第四次，它们的技术特征是相同的。

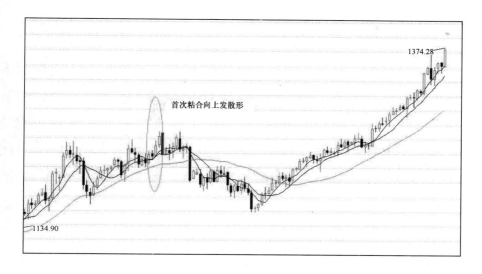

图 52

再次粘合向上发散形的出现，说明第一次向上发散，是过去积弱太久或主力故意打压，经过调整后，多方又发动一次进攻，即再次发散，这时是投资者买入的机会，买入后成功的机会将很大，如图 53 所示。

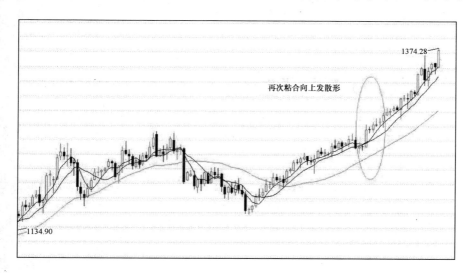

图 53

3. 首次交叉向上发散形和再次交叉向上发散形

首次交叉向上发散形常常出现在下跌后期，短期、中期和长期均线从向下发散状，逐渐收敛后再向上发散。

在首次交叉向上发散形中，向上发散的角度越大，后市上涨的潜力就越大，有时均线系统刚刚发散，又会重新交叉或粘合，金价上升只是昙花一现，在交叉向上发散初期买进风险较小，越到后面风险越大。还有一点要注意，当均线发散时，均线间的距离越大，回调风险越大，如5日均线与30日均线距离较大，一般都会有回调，如图54所示。

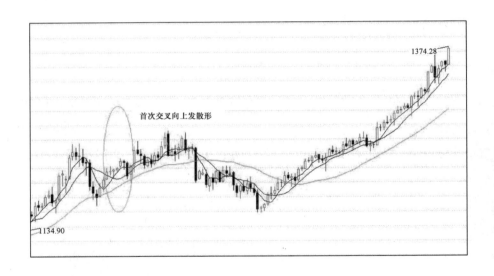

图54

再次交叉向上发散形，即第二次交叉向上发散形，少数情况下也有第三次、第四次，它们的技术特征是相同的。

再次交叉向上发散形的出现，说明第一次向上发散，是过去积弱太久或主力故意打压，经过调整后多方又发动一次进攻，即再次发散，这时是投资者买入的机会，买入后成功的机会将会很大，如图55所示。

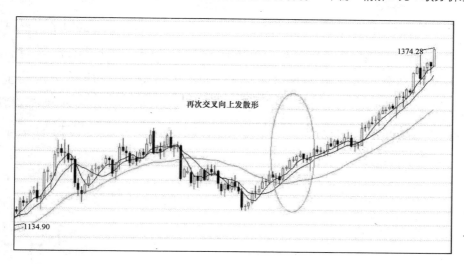

再次交叉向上发散形

1374.28

1134.90

图 55

4. 上山爬坡形和逐浪上升形

上山爬坡形一般出现在涨势中，短期、中期和长期均线，基本上沿着一定的坡度向上移动。均线形态出现上山爬坡形，表明金价将有一段持续的升势。所以投资者见到此图形，要坚持做多，一直持有，直到这种均线形态有了改变，如图 56 所示。

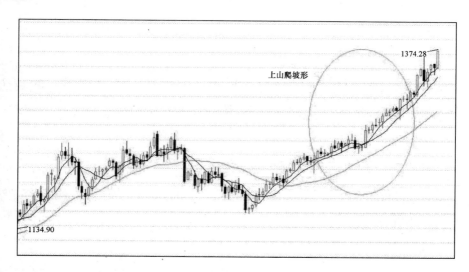

上山爬坡形

1374.28

1134.90

图 56

　　逐浪上升形一般出现在涨势中，短期和中期均线上移时，多次出现交叉现象，但长期均线以倾斜状托着短期和中期均线往上攀升，一浪一浪往上走，浪形非常清楚。均线形态出现逐浪上升形，表明金价整体呈上升趋势，并往往按进二退一的方式前进。空方只能小施拳脚，即金价小幅回落，并无多大打击金价的能力，多方始终占据着主动地位，如图57所示。

图57

　　从技术上讲，逐浪上升形是买入信号，买进后要拿好手中的黄金，因为涨幅一般不会太小，直到这种均线形态有了改变。

（四）见顶信号的移动平均线

　　见顶信号的移动平均线共有四种，分别是死亡交叉、死亡谷、加速上涨形和断头铡刀。

　　1. 死亡交叉和死亡谷

　　死亡交叉出现在下跌初期，由两根移动平均线组成，一根短期均线由上向下穿过一根较长期的均线，并且较长期的均线是向下移动的。

金价经过大幅上涨后，出现死亡交叉，这就是一个明显的见顶信号，投资者可以积极做空。在死亡交叉中，两线交叉的角度越大，见顶信号就越明显。如果在周 K 线或月 K 线中出现死亡交叉，见顶信号就更加明显，并且会有一段较大的跌幅，如图 58 所示。

图 58

死亡谷出现在下跌初期，由三根移动平均线交叉组成，形成一个尖头向下的不规则三角形。在死亡谷形成过程中，尖头向下的不规则三角形的出现，表明空方力量积聚了相当大的下跌能量，是一个见顶信号，死亡谷的见顶信号要比死亡交叉强，如图 59 所示。

2. 加速上涨形和断头铡刀

加速上涨形出现在上涨后期，在加速上涨之前，均线系统呈缓慢或匀速的上升状态，在加速上升时，短期均线和中长期均线之间的距离越拉越大，如图 60 所示。

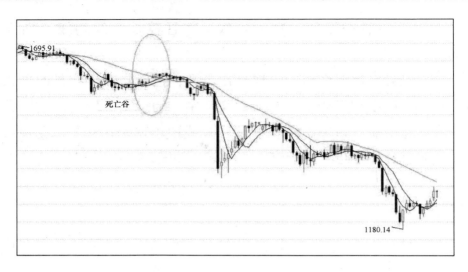

图 59

图 60

从技术上来说，加速上涨形是一种见顶信号，会引起金价急促掉头向下。投资者见此图形，应保持一份警觉，持筹的不应再盲目跟进，应密切关注均线及 K 线图，如果出现相关见顶信号，就应马上抛离。

断头铡刀出现在上涨后期或高位盘整期，一根大阴线如一把刀，一下子把短期、中期和长期均线切断，收盘价已收在所有短、中、长期均线下方。

断头铡刀是一个明显的见顶信号，一般都会引起一轮大的跌势，对多方造成很大的杀伤力。所以，短线客见此信号，应抛空离场；中长线者应密切关注 60 日均线、120 日均线，如果两根均线也被走破，则立即止损离场，如图 61 所示。

图 61

（五）卖出信号的移动平均线

卖出信号的移动平均线共有七种，分别是空头排列、首次粘合向下发散形、首次交叉向下发散形、再次粘合向下发散形、再次交叉向下发散形、下山滑坡形和逐浪下降形。

1. 空头排列、首次粘合向下发散形和再次粘合向下发散形

空头排列出现在跌势中，由三根移动平均线组成，最上面一根是

长期均线，中间一根是中期均线，最下面一根是短期均线，并且三根均线呈向下圆弧状，如图 62 所示。

空头排列是一个广义概念，后面所讲的首次粘合向下发散形、首次交叉向下发散形、下山滑坡形和逐浪下降形，都属于它的范畴。在空头排列的初期和中期，要以做空为主，在其后期，就应该谨慎做空。

图 62

首次粘合向下发散形，可以出现在上涨后横盘末期，也可以出现在下跌后横盘末期，几根粘合在一起的均线，同时以喷射状向下发散。在首次粘合向下发散形中，粘合时间越长，则向下发散的力度越大。再次粘合向下发散形，少数情况下也有第三次、第四次，它们的技术含义是相同的，如图 63 所示。

2. 首次交叉向下发散形和再次交叉向下发散形

首次交叉向下发散形，常常出现在涨势后期。短期、中期和长期均线从向上发散状，逐渐收敛后再向下发散。在首次交叉向下发散形中，向下发散的角度越大，后市下跌的幅度就会越大，如图 64 所示。

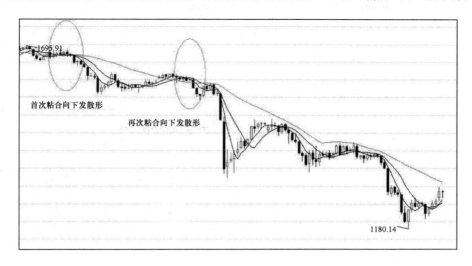

首次粘合向下发散形

再次粘合向下发散形

1695.91

1180.14

图 63

首次交叉向下发散形

1795.75

1554.90

图 64

　　再次交叉向下发散形，即第二次交叉向下发散，少数情况也有第三次、第四次，它们的技术含义是相同的。金价大幅下挫后，均线再一次出现交叉向下发散形，投资者要适度做空，但要防备空头陷阱，如图 65 所示。

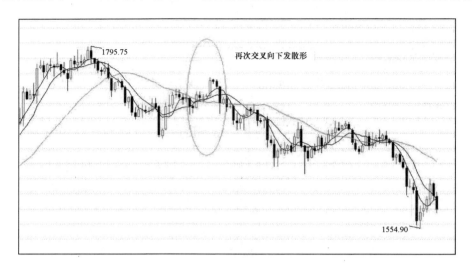

图 65

3. 下山滑坡形和逐浪下降形

下山滑坡形一般出现在跌势中，短期、中期和长期均线，基本上沿着一定的坡度往下移动。均线形态出现下山滑坡形，表明金价会有一段持续的下跌。所以，投资者见到此图形后，应以看空做空为主，如图 66 所示。

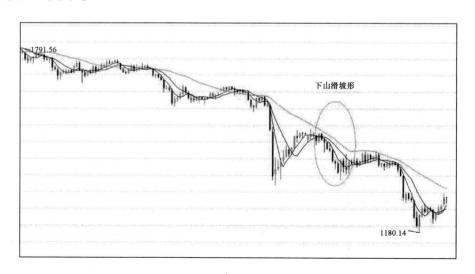

图 66

逐浪下降形一般出现在跌势中，短期和中期均线下降时多次出现交叉现象，但长期均线，以斜线状压着短期和中期均线往下走，一浪一浪往下走，浪形非常清楚。均线形态出现逐浪下降形，表明金价整体呈下降趋势，并往往按退二进一的方式下滑，空方始终占据着主动地位。从技术上讲，逐浪下降形是卖出信号，任何时候逢高出局都是正确的，如图67所示。

图67

（六）　移动平均线的使用技巧和注意事项

前面讲解了常用的移动平均线图形，下面讲解一下移动平均线的使用技巧和注意事项。再好的买入信号K线组合，只要在均线压制之下，特别是离均线不远，都不能进行买入，要等均线走好，再出现买入信号的K线组合，才可以进行加仓。在一个明显的上升或下降趋势中，均线信号非常准确实用，但在一个反复震荡的走势中，移动平均线买卖信号过于频繁，这时就不适合利用均线技术进行操作了。

为了更加清楚金价的走势，投资者可以在分析日均线的同时，进一步分析周均线和月均线，有时还要分析年均线。时间越长的信号就越准确，当信号发生冲突时，要分析哪一个是主要信号，哪一个是次要信号。

第 六 章
炒金日记表

一、炒金表及炒金表的原理

2元4联行情分析技术由三部分构成，一是2元分析，二是4联分析，三是炒金日记表，这三项分析技术的结合，构成了一个完整的2元4联分析系统。

在这一节里，我们要介绍一下什么是炒金表及炒金表的原理。这是一个炒金表的外貌，这个炒金表由两部分组成，一是技术面分析，二是基本面分析。

技术面分析由"2元"和"4联"两部分构成；基本面分析由美元分析、原油分析、供求分析、新闻等元素构成。

在炒金分析工具的选择上，我们只尊重它的实用性，其他的我们可以不去考虑。所以，在我们最开始设计炒金表的时候，"实用性"便是唯一的出发点。

炒金表首先注重技术分析，原因是炒金市场不易被操纵，炒金大盘所反映出的技术分析信息，要比所有其他投资品种，如股票、期货、外汇等都具有更高的准确性。我们选择的四种具体分析技术（次高低、趋势线、K线和均线），都是目前炒金市场上最成熟的技术分析工具。四种技术的联合使用不仅使技术分析变得更加全面，而且使它们之间存在着很紧密的互补关系。

"2元"理论的主要功能，在于让我们更加清晰地将大盘中的涨势和跌势分辨出来，最简易地让我们找到入市、出市的时间和空间点。

炒金表的基本面分析也是不可忽略的，基本分析虽然不会像技术分析那样，准确地给你入市、出市的结果，但它可以成为技术分析的好伙伴，辅助或验证技术分析给我们的结果。基本分析要以分析"美国元素"为主，原因有两个，一是世界上主要黄金投资资金都集中在欧美；二是世界上大部分黄金储备都集中在欧美，尤其是美国，将其作为重要的战略手段。基本分析，要作为炒金投资者的日常工作来进行。

炒金表的技术面、基本面各分析元素之间，所有元素的根本原理及作用都是相通的，即它们会告诉你，未来的炒金大盘上会发生什么？这一点是炒金表原理的关键。

总的来说，炒金日记表具有实用性、全面性、互补性和前瞻性四大要点，是2元4联分析系统最终的落实，也是我们炒金的好帮手。

二、如何使用炒金表

炒金表可以简易填写，也可以全面填写。简易填写只要将2元理论学习之后便可进行；全面填写要求炒金学员将2元理论和4联4要素熟练掌握。

简易填写与全面填写：

简易填写就是只填写"2元分析"部分，余者选择性填写。以下将"2元分析"部分逐条进行注解。

年 月 日 点 分 星期							2－1

1. 技术面

（1）2 元分析。

①当前主趋势方向＿＿＿＿＿＿（A. 向上　B. 向下　C. 看不清）。

注解：主趋势方向通常是很容易分辨的，如果遇到震荡盘整期，则填"C. 看不清"。

②当前金价位置处于涨跌的＿＿＿＿＿＿（A. 初期　B. 中期　C. 末期　D. 看不清）。

注解：判断金价的位置通常要画趋势线，这里所说的金价位置一般是指在一级趋势中。

③当前金价处于＿＿＿＿＿＿（A. 顺势运行，即符合主趋势方向　B. 逆势运行，即回调阶段　C. 看不清）。

注解：这一条的判断最为重要，因为在 2 元理论中，机会在于回调阶段。在单边趋势中，知道了哪里是回调，便知道了金价会在哪里涨落。

④回调结束，即可顺主趋势方向入市。

注解：这句话是重点，即"回调结束，即可顺主趋势方向入市"，我们照办就可以了。但有一点需要注意，在碰上盘整期的时候，我们就要改变战略，因为那时我们已经没有趋势可依。在盘整期，我们可以凭经验进行快速短线进出或冷静旁观。

全面填写就是将炒金表技术面的 2 元部分和 4 联部分完全填写，基本面部分选择性填写，最后要产生比简易填写更加精确、可靠的综合结论。下面，我们对基本面和 4 联部分逐条进行注解。

2. 基本面

①美元走势：＿＿＿＿＿＿＿＿＿＿＿＿＿＿＿＿＿＿＿＿＿

②原油走势：＿＿＿＿＿＿＿＿＿＿＿＿＿＿＿＿＿＿＿＿＿

③世界通货膨胀情况：＿＿＿＿＿＿＿＿＿＿＿＿＿＿＿＿＿

④世界金融危机情况：＿＿＿＿＿＿＿＿＿＿＿＿＿＿＿＿＿

⑤世界战争与政局情况：_____

⑥黄金和白银及其他有色金属价格联动情况：_____

⑦各国央行及大基金黄金储备与抛售情况：_____

⑧全球黄金现货市场供求关系：_____

⑨相关黄金指数情况：_____

⑩新闻：_____

_____

基本分析综合结论：_____

注解：着重于寻找未来的机会，将可能发生的情况逐条写明。

基本面是影响黄金投资市场的重要因素，并且基本面本身是由许多种元素组成的。并且促成金价涨跌，通常不是单纯的一种因素所形成，而是多种因素交织在一起所造成的。基本面对黄金价格的影响，通常是基于比价原理和心理因素，其中美元和原油这两个因素，经常成为基本面的主导因素。当然，其他因素也不可忽视。

总之，基本面是一个成分复杂，需要通过大量资料才可能综合判断，得出结果的一种分析手段。炒金表的实用性毋庸置疑，但只有通过长期的、大量的实践，才能让炒金日记表真正地发挥作用，并且这里我们明确指出，我们在运用炒金表的时候，必须时刻提醒自己，我们想要的是通过炒金表知道未来的黄金大盘会发生什么？这一点极为重要。最后，要将可能发生的情况，在综合结论中逐条写明。

（1）4联分析。

①次高低分析。当前金价位置处于_____（A. 最高点部位 B. 次高点部位　C. 最低点部位　D. 次低点部位　E. 看不清），如果处于次高点部位或次低点部位，是处于第_____次高低。

注解：次高低的简易性和实用性与"2元分析"完全相通，并且都是利用二级趋势的波动来操作，这一点无论对于炒金新手还是老手，都有很强的借鉴功能。

②趋势线分析。当前金价位置处于_____（A. 靠近压力线 B. 靠近支撑线　C. 看不清），如果金价触碰趋势线，a. 触碰压力线为第_____次触碰；b. 触碰支撑线为第_____次触碰；当前趋势线是否为同向趋势线快慢组合_____；是否为异向趋势线快慢组合_____；是否为同向新趋势线产生_____；是否为异向新趋势线产生（趋势线被有效突破）_____。

注解：趋势线分析这一条有些复杂，但一般情况下，趋势线分析都是作为最后结论的参考。趋势线分析通常会提供给我们一个判断，就是当前位置是否是安全的交易点。

③K 线分析。当前金价位置处于涨跌的_____（A. 初期 B. 中期　C. 末期　D. 看不清），K 线或 K 线组合表现为_____（A. 转折　B. 持续　C. 看不清）。

注解：K 线分析，需要操作者具备很强的 K 线基本知识，并且首先能够分辨出当前金价所在的位置。

④均线分析。当前金价位置处于涨跌的_____（A. 初期 B. 中期　C. 末期　D. 看不清），均线表现为_____（A. 转折 B. 持续　C. 看不清）。

注解：均线分析是 K 线分析的重要补充，均线滞后而平和，弥补了 K 线分析覆盖时间短的缺点。短线操作，通常应用日线下，5 日、10 日、30 日均线。

⑤现在应该_____（A. 入市　B. 出市　C. 持筹静观　D. 冷静旁观）。

⑥技术分析综合结论：_____

注解：着重于寻找未来的机会，将可能发生的情况逐条写明。

三、经典实战图文导航（2 元 4 联 分析系统实战案例）

在这里，我们挑选出 3 次代表性实战案例，用最简洁的方式进行表述，用固定的格式进行分析，用实弹演习的方式，引导炒金学员们理解并掌握 2 元 4 联分析技术，并作为本书日常填写的范例，最终将其运用到炒金实战当中。

（一）2012 年 1 月 16 日　星期一

注：已经于 3 天前买涨，现处于持筹阶段。

图 68

_2012_ 年 _1_ 月 _16_ 日 _21_ 点 _0_ 分　　　星期 _一_ 2－1

1. 技术面

（1）2 元分析。

①当前主趋势方向＿＿＿A＿＿＿（A. 向上　B. 向下　C. 看不清）。

②当前金价位置处于涨跌的＿＿＿B＿＿＿（A. 初期　B. 中期　C. 末期　D. 看不清）。

③当前金价处于＿＿＿A＿＿＿（A. 顺势运行，即符合主趋势方向　B. 逆势运行，即回调阶段　C. 看不清）。

④回调结束即可顺主趋势方向入市。

2 元分析结论：当前金价属顺势运行中，应继续持筹待涨。

（2）4 联分析。

①次高低分析。当前金价位置处于＿＿＿D＿＿＿（A. 最高点部位　B. 次高点部位　C. 最低点部位　D. 次低点部位　E. 看不清），如果处于次高点部位或次低点部位，是处于第＿＿2＿＿次高低。

次高低分析结论：次高低形态不明显，但第 2 次低主升力量最强，应继续持筹待涨。

②趋势线分析。当前金价位置处于＿＿＿A＿＿＿（A. 靠近压力线　B. 靠近支撑线　C. 看不清），如果金价触碰趋势线，a. 触碰压力线为第＿4＿次触碰；b. 触碰支撑线为第＿3＿次触碰；当前趋势线是否为同向趋势线快慢组合＿×＿；是否为异向趋势线快慢组合＿×＿；是否为同向新趋势线产生＿×＿；是否为异向新趋势线产生（趋势线被有效突破）＿×＿。

趋势线分析结论：金价可能很快运行到压力线，穿越压力线的可能性较大。

③K 线分析。当前金价位置处于涨跌的＿＿＿B＿＿＿（A. 初期　B. 中期　C. 末期　D. 看不清），K 线或 K 线组合表现为＿＿＿B＿＿＿（A. 转折　B. 持续　C. 看不清）。

K线分析结论：K线组合主升，且上升空间还有，应继续持筹待涨。

④均线分析。当前金价位置处于涨跌的＿＿B＿＿（A. 初期 B. 中期　C. 末期　D. 看不清）。均线表现为＿＿B＿＿（A. 转折 B. 持续　C. 看不清）。

均线分析结论：首次交叉向上发散，之前有银山谷，应继续持筹待涨。

技术分析综合结论：2元分析和4联分析，均显示金价仍有很大的上涨空间。金价运行到压力线附近时，要保持警惕，如果见到明确的反转信号，则立即抛空。

2. 基本面　　　　　　　　　　　　　　　　　　　　　2－2

①美元走势：长期走弱。

②原油走势：震荡上升。

③世界通货膨胀情况：无明显显示。

④世界金融危机情况：无明显显示。

⑤世界战争与政局情况：局部区域政局动荡，有局部小规模战争。

⑥黄金和白银及其他有色金属价格联动情况：黄金涨势明显低于其他有色金属。

⑦各国央行及大基金黄金储备与抛售情况：无明确信息。

⑧全球黄金现货市场供求关系：目前全球黄金现货销售面临淡季来临。

⑨相关黄金指数情况：＿＿＿＿＿×＿＿＿＿＿。

⑩新闻：＿＿＿＿＿×＿＿＿＿＿。

＿＿＿＿＿＿＿＿＿＿＿＿＿＿＿＿。

基本分析综合结论：＿＿＿A＿＿＿（A. 利多因素占主流　B. 利空因素占主流　C. 看不清）。

手绘图：

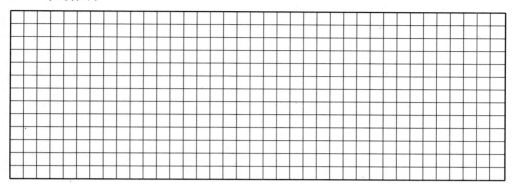

一单交易计划：

开仓日期	开仓方向	开仓头寸	开仓价位	止损价位	止盈价位	潜在亏损	潜在盈利
年 月 日 ~ 年 月 日	×	×	$ ×	$ ×	$ ×	$ ×	$ ×

备注：持筹阶段，最重要的是坚持盯盘，目的是获取最有利的平仓价位。

（二）2012 年 5 月 3 日　星期四

图 69

2012　年　5　月　3　日　13　点　0　分　　　星期　四　2-1

1. 技术面

（1）2元分析。

①当前主趋势方向___B___（A. 向上　B. 向下　C. 看不清）。

②当前金价位置处于涨跌的___B___（A. 初期　B. 中期 C. 末期　D. 看不清）。

③当前金价处于___A___（A. 顺势运行，即符合主趋势方向 B. 逆势运行，即回调阶段　C. 看不清）。

④回调结束即可顺主趋势方向入市。

2元分析结论：当前金价位置处于回调刚刚结束，且顺势运行，如果4联分析符合2元分析，则应当入市做空。

（2）4联分析。

①次高低分析。当前金价位置处于___B___（A. 最高点部位 B. 次高点部位　C. 最低点部位　D. 次低点部位　E. 看不清），如果处于次高点部位或次低点部位，是处于第___6___次高低。

次高低分析结论：金价下降到后期，往往有加速下降的现象，这个次高点也许会产生一个大的下降空间。

②趋势线分析。当前金价位置处于___A___（A. 靠近压力线 B. 靠近支撑线　C. 看不清），如果金价触碰趋势线，a. 触碰压力线为第___3___次触碰；b. 触碰支撑线为第___3___次触碰；当前趋势线是否为同向趋势线快慢组合___×___；是否为异向趋势线快慢组合___√___；是否为同向新趋势线产生___√___；是否为异向新趋势线产生（趋势线被有效突破）___×___。

趋势线分析结论：同向新趋势线的产生，是强大的看空信号。

③K线分析。当前金价位置处于涨跌的___B___（A. 初期 B. 中期　C. 末期　D. 看不清），K线或K线组合表现为___A___（A. 转折　B. 持续　C. 看不清）。

K 线分析结论：金价目前处于转折的初期，后市下降的空间，可能很大。

④均线分析。当前金价位置处于涨跌的＿＿＿B＿＿＿（A. 初期 B. 中期　C. 末期　D. 看不清）。均线表现为＿＿＿A＿＿＿（A. 转折 B. 持续　C. 看不清）。

均线分析结论：死亡谷，明显的见顶转折均线信号，显示后期下降的空间可能很大。

技术分析综合结论：现在是入市做空的好时机，可中等仓位介入，也许会是一大段利空行情。

2. 基本面　　　　　　　　　　　　　　　　　　　　　2－2

①美元走势：长期走弱。

②原油走势：震荡上升。

③世界通货膨胀情况：无明显显示。

④世界金融危机情况：无明显显示。

⑤世界战争与政局情况：局部区域政局动荡，有局部小规模战争。

⑥黄金和白银及其他有色金属价格联动情况：黄金涨落与其他有色金属持平。

⑦各国央行及大基金黄金储备与抛售情况：无明确信息。

⑧全球黄金现货市场供求关系：目前全球黄金现货销售面临旺季来临。

⑨相关黄金指数情况：＿＿＿＿＿＿×＿＿＿＿＿＿。

⑩新闻：＿＿＿＿＿＿×＿＿＿＿＿＿

＿＿＿＿＿＿＿＿＿＿＿＿＿＿＿＿＿＿＿＿＿＿。

基本分析综合结论：＿＿＿B＿＿＿（A. 利多因素占主流　B. 利空因素占主流　C. 看不清）。

手绘图：

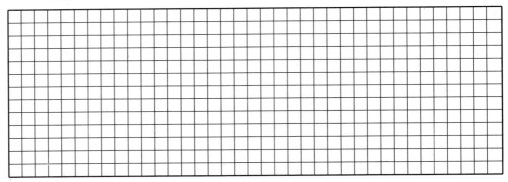

一单交易计划：

开仓日期	开仓方向	开仓头寸	开仓价位	止损价位	止盈价位	潜在亏损	潜在盈利
2012 年 5 月 3 日 ~ 2012 年 5 月 18 日	—	50	$ 1650	$ 1680	$ ×	$ 1500	$ 5000

备注：时机成熟时，方可入市，善于等待，才可能善于抓住时机。

（三）2012 年 8 月 16 日　星期四

图 70

<u>2012　　年　8　月　16　日　17　点　0　分　　　　星期　四　2-1</u>

1. 技术面

（1）2元分析。

①当前主趋势方向＿＿＿A＿＿＿（A. 向上　B. 向下　C. 看不清）。

②当前金价位置处于涨跌的＿＿＿A＿＿＿（A. 初期　B. 中期　C. 末期　D. 看不清）。

③当前金价处于＿＿＿A＿＿＿（A. 顺势运行，即符合主趋势方向　B. 逆势运行，即回调阶段　C. 看不清）。

④回调结束即可顺主趋势方向入市。

2元分析结论：当前金价位置处于回调刚刚结束，且顺势运行，如果4联分析符合2元分析，则应当入市做多。

（2）4联分析。

①次高低分析。当前金价位置处于＿＿＿D＿＿＿（A. 最高点部位　B. 次高点部位　C. 最低点部位　D. 次低点部位　E. 看不清），如果处于次高点部位或次低点部位，是处于第＿＿＿2＿＿＿次高低。

次高低分析结论：处于明显的第二次低点，强力主升。

②趋势线分析。当前金价位置处于＿＿＿B＿＿＿（A. 靠近压力线　B. 靠近支撑线　C. 看不清），如果金价触碰趋势线，a. 触碰压力线为第＿＿＿3＿＿＿次触碰；b. 触碰支撑线为第＿＿＿3＿＿＿次触碰；当前趋势线是否为同向趋势线快慢组合＿＿＿√＿＿＿；是否为异向趋势线快慢组合＿＿＿×＿＿＿；是否为同向新趋势线产生＿＿＿×＿＿＿；是否为异向新趋势线产生（趋势线被有效突破）＿＿＿√＿＿＿。

趋势线分析结论：异向新趋势线产生，强力主升，同向趋势线的快慢组合，表明金价将会迅速上涨，触碰压力线为必到值"3"，说明后市上升空间相当大。

③K线分析。当前金价位置处于涨跌的＿＿A＿＿（A. 初期　B. 中期　C. 末期　D. 看不清），K线或K线组合表现为＿＿＿A＿＿＿（A. 转折

B. 持续　　C. 看不清)。

K线分析结论：在上涨初期的转折，预示后市上涨空间很大。

④均线分析。当前金价位置处于涨跌的＿＿＿A＿＿＿（A. 初期 B. 中期　　C. 末期　　D. 看不清)。均线表现为＿B＿（A. 转折　　B. 持续　　C. 看不清)。

均线分析结论：再次交叉向上发散，后市上涨会很强劲。

技术分析综合结论：现在是入市做多的好时机，可重仓介入，极可能是一大段利多行情。

2. 基本面　　　　　　　　　　　　　　　　　　　2－2

①美元走势：长期走弱。

②原油走势：震荡上升。

③世界通货膨胀情况：无明显显示。

④世界金融危机情况：无明显显示。

⑤世界战争与政局情况：局部区域政局动荡，有局部小规模战争。

⑥黄金和白银及其他有色金属价格联动情况：黄金涨势落后于其他有色金属。

⑦各国央行及大基金黄金储备与抛售情况：无明确信息。

⑧全球黄金现货市场供求关系：全球黄金现货销售正处于旺季。

⑨相关黄金指数情况：＿＿＿＿＿＿×＿＿＿＿＿＿。

⑩新闻：＿＿＿＿＿＿＿×＿＿＿＿＿＿＿

＿＿＿＿＿＿＿＿＿＿＿＿＿＿＿＿＿＿＿。

基本分析综合结论：＿＿A＿＿（A. 利多因素占主流　　B. 利空因素占主流　　C. 看不清)。

手绘图：

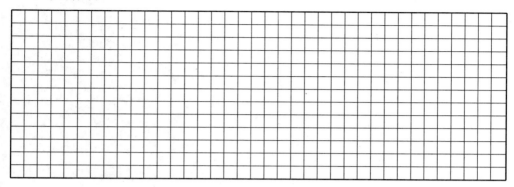

一单交易计划：

开仓日期	开仓方向	开仓头寸	开仓价位	止损价位	止盈价位	潜在亏损	潜在盈利
2012 年 8 月 16 日 ~ 2012 年 11 月 16 日	+	100	$ 1600	$ 1570	$ ×	$ 3000	$ 20000

备注：填写炒金日记表的时候，要着重于寻找未来的机会，将可能发生的情况在结论中逐条写明。

下 篇
炒金实战全记录

导读："炒金实战全记录"讲述的是笔者300多天的真实实战记录，这个过程中的每一步，也许是每一个初入炒金领域的学员都要经历的。有些事情回头再看，一切自然会更加清晰。所以我认为，我们应该以非教科书的形式，将这个过程向炒金学员们展示。已经形成的事实是最有道理的，所以，我们前事不忘后事之师，让已经发生的典型实战作为我们的导师，引导我们正确地面对未来。

一、初涉金海

我梦想着，炒金会成为我步入财富殿堂的阶梯。我准备好了黄金分析软件，它花费了我 260 元。然后我又跑到交通银行，换了 15000 美元的外汇，寄到了美国 IFX 开户行。很快，我便拥有了我的 IFX 网上交易账户。

这里我要提到的是北京某老师，我在他的培训班里混了一个月，所以，他自然而然地成为了我的导师和经纪商。在 IFX 平台中，他们的正式身份叫做"推介经纪商"，我是他们的客户，所以我在 IFX 黄金现货平台，每做一笔交易（一进一出），要从我的账户中扣除 3 美元佣金，另外，还要付出的是，每盎司 0.6 美元的点差。IFX 平台炒金的主要费用就这两项，其他的可以忽略不计。

第一次实战，当时我记得那时刚刚学完 52 种 K 线组合。我打开电脑，双击桌面的黄金分析软件图标，呈现在我眼前的 K 线图令我眼花缭乱，只记得电脑屏幕上显示的好像是日 K 线图，一条长长的红色阳线后面带着两颗实体很小的小阴线，这是明显的上涨两颗星 K 线组合，如图 71 所示。我重复着书本上的话"上涨两颗星是持续上升 K 线形态"，我脑子一热，似乎有什么东西在催促着我"买进"，当时，似乎所有的技术手段都已经全部忘记，只是机械地进行了"买进"操作。一天之后，居然发现我赢了 500 美元，这时也没有多想，平仓了结，只是为了我的"第一次"胜利的结果。

现在仅仅过了两个多月，回头看看当初的 K 线，都觉得好险的，首战告捷竟然是蒙的。金市如同天气，阴晴不定，虽然有时可以预测，但总会有意外发生。大的灾难如同地震，带给你巨大的损失，却无法预料。若还不具备"抗震心理"的投资者，先不要加入到这种轰轰烈烈的活动中。

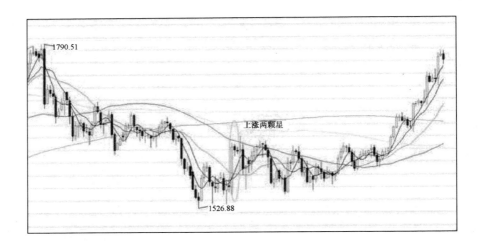

图 71

二、第一枚苦果

凌晨02：41，这个时间是别人睡得正酣的时候，但对于炒金者来说却无所谓。一般来说，在20：00～24：00这个时间段，是国际黄金市场最热闹的阶段（因为美国市场的介入），金市中大的波动基本上都在这个时间产生，而过了24：00以后，一天的形势就基本定格。

再过3个多小时，也就是星期六的早晨06：00，一周的炒金活动就会暂时休止，相隔两天，到了星期一的早晨06：00，才会重新开始新一周的紧张而激烈的金市搏杀。

现在我的 IFX 账户里，仍旧是 15000 美元，它是我在短短的一个多月里，经过了两赔两赚的结果。在这里我只想告诉大家，在这个阶段赔是怎么赔的，赚是怎么赚的。这对炒金者，尤其是刚入门的炒金学员会有很大帮助。

如图 72 所示，这里是一个典型的螺旋桨 K 线形态，也是一个转势的信号，有书中讲到"尽管金市涨跌，不确定的因素很多，但它每一个时期运行的方向是很清楚的，只要在上升趋势线上方运行，就看多做多；在下降趋势线下方运行，就看空做空。这样操作就不会出大错。"到现在为止，我还是认定这段话是金玉良言，可偏偏是这个"真理"，让我的这次实战栽了跟头。

在没有分析完 K 线形态的时候，莽撞地在螺旋桨 K 线高位1622－51处做多，并设 30 点止损。结果可想而知，正好在向下 30 点处跌破止损位，赔得正正好好。

1790.51

1622-51处

1526.88

图 72

如图 73 所示，这里是一个很明显的次低点，并且处于上升趋势线的快慢组合，金价已经穿越了下降趋势线，并形成了一根新的上升趋势线，这是大涨的预兆。可偏偏问题又出现在K线分析上，不知哪位老师曾说过，意思是两根并排的有实体、有波幅的K线之后，必然会有同向的涨落跟着，现在看来，这句话是真错了。两根明显有波幅、有实体的阴线，导致我选择了做空，仍设30点止损，结果你可以看后面的K线，又是反向涨破了止损位。

"急躁"是炒金新手的通病，并非理论知识不过关，如果当初哪怕多等一天，都不会赔得那么惨。现在，我只能选择接受这急躁带来的苦果，并把它作为教训，牢记在心。

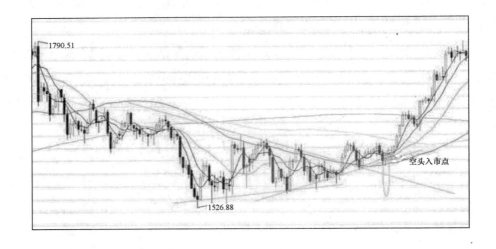

图 73

三、好运在黑暗中复苏

经过两次失败，我消沉了整整半个月，不是因为钱，是自信心严重受挫带来的失望甚至是绝望的那种感觉。一年半的寒窗之苦及通过学习带来的自信，被两次小小的失败轻易击溃。等到了 8 月 30 日，我才恢复了一点冷静思考的能力，我开始重新审视大盘。

在国际现货金的背景下，我将所有的常见专业分析技术进行分类，得出主要的分析技术共七种，即波形、趋势线、黄金分割、K 线、成交量、均线和时间。另外一些，如美元、利率、石油比价、股票市场、各种指数、指标等林林总总，但总而言之，它们背后的理论都是从早期的股票理论演变而来。

8 月 30 日那天，面对着电脑屏幕上的"日线"下的 K 线图，渐渐地，急躁远离了身体，冷静的人往往会产生智慧，尤其是炒金新手，最需要的就是这种冷静。8 月 30 日那里是一个明显的次低点，两条上升趋势线组成一组典型的同向快慢组合，提示当前趋势是向上的，我在那里入市做多，如图 74 所示。

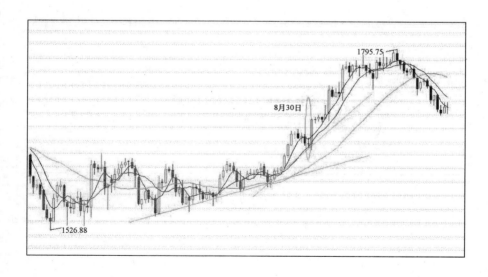

图74

四、否极泰来

    回到 8 月 30 日，之前的两次失败，今天看来没什么大不了的，可是在 8 月 30 日那时看来，给我的压力是相当大的，带着这样的心情，我在 A 点、B 点连续两次做多，结果谁都可以看懂，如图 75 所示。事后的分析总是很容易的，但同样具有很大的意义，事后的分析相当于复习，不可忽视。

图 75

五、稳中求胜

    如图 76 所示，9 月 12 日那根长十字阴线，当时在 1742 处还是一根中阳，我认为趋势线反映出的向上走势无疑，从次低点上看，那里处于第三次低点，K线形态为早晨之星K线组合。所以，便急火火地在1742处入市做多，并设30点止损，但金价接下来的走势差点让我吐血，金价从1742处一直滑落到1725收盘。第二天，接着高开低落，一直落到1720，再跌8个点就要爆仓了，我拿出"死猪不怕开水烫"的精神，干脆连大盘都不看了，没有想到，到了半夜12点的时候，奇迹发生了，金价一路上扬，飞快地穿越了1740、1760，最后我在1766处平仓。老天保佑，不但没让我爆仓，反而让我赚了20多个点，想起来有些后怕，如果能晚一些入市，不仅能够免了担惊受怕，还会赚得更多。

我们做炒金，要的不是做高难度的动作，我们要的是把握和准确。

图76

六、失败带来的反思

在金市中，即使你尽了100%的努力，也未必会有100%的收获。

了解了这一点，你就不会为了暂时的失利而茫然失措。在金市中，带给你最大启迪的良师益友，往往是那些失败的经历。

如图 77 所示，我在 9 月 20 日两根长十字线处，1771 买的涨。从趋势线上看，那里是趋势线的快慢组合，临近趋势线，属第四次触碰趋势线。

从次高低上看，如果之后的走势向上，将会形成第四次低点，但这只是个假设，我用它作为真实的参考，是我犯的一个很愚蠢的错误。

再看 K 线，没有任何理由让人相信，金价一定会向上攀升，况且，在大涨之后，再好的 K 线形态都要注意。可我却鬼使神差地下定决心，买了上涨并设 30 点止损。之后，还傻头傻脑地坐在电脑前，等待着金价的上涨。

之后的一天，金价的确上涨了一些，但没有达到我的预期目的，贪心不足带来的恶果，在第四天终于看到了，金价跌破了 1740，我的心情同时也沉入了谷底。我终于知道了，在金市中，不该做的时候千万别做，否则相当于自杀。

金市不会每天都给你机会，即使是短线炒作也同样如此。正常来说，对于短线炒作者，一周能抓住一次机会并获利，已经是非常不错的了。所以，每天当你打开电脑的时候，不要忙着去想今天是买涨还是买跌，而是要先去想想，现在是不是入市的最好时机。

在国际现货高杠杆、高倍率的条件下，如果你在局势未明朗的时候下注，那么你不仅仅是激进的，同时你也是愚蠢的，在金市中输大钱的就是这种人。而那些稳定获利的投资者，绝不会这样。在金市中，有时耐心往往是决定胜负的第一关键。

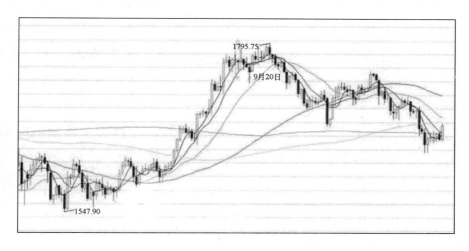

图 77

七、当趋势线被突破的时候，我也突破了自我

如图 78 所示，2012 年 7 月 25 日，金价三次触碰下降趋势线之后，在第四次触碰趋势线时，实现了有效突破，并进行标准回抽，金价止于趋势线，然后开始上扬，一发不可收拾，整整 180 个点之后才开始回落。

在 7 月 25 日之前的一个月内，即在趋势线没有被有效突破的时间段，我的操作就像一只没头的苍蝇，无所依从。主要原因是，金价一直在趋势线的附近晃来晃去，并且此时金价正处于三次触碰趋势线之后，在这种情况下，次高低没有了趋势线的依托，K 线也失去了参考价值。

直到 7 月 25 日那天，趋势线被成功穿越，8 月 2 日回抽到底，止于趋势线，8 月 3 日开始，金价上扬。这时便形成了第一根反向趋势线，同时形成第一次低点，并且次低点处的 K 线组合为"旭日东升"。

趋势线、次高低、K 线均显示盘中的趋势为多方趋势，所以在这里做多是必然的，之后随着金价的大幅扬升，之前内心的郁闷消失殆尽。

这次操作让我获得了一个非常重要的启发，在趋势未明朗的时候，不可以轻举妄动。直到有一天，你清晰地分辨出大盘上的趋势。

图 78

八、点石化为金，人心犹未足

如图 79 所示，2012 年 5 月 3 日那里，从趋势线上看，处于下降趋势线之下，处于明显的次高点，并且顶端有锤头线一根、螺旋桨 K 线一根，这些表明，这里是入市做空的大好时机。

所以，在 5 月 3 日 1650 处我入市做空，之后的 9 天，金市中如有神助，连连下降了共 105 个点。骄傲冲昏了自己的头脑，第 10 天，一根典型的螺旋桨 K 线出现的时候，我忽视了，这本该是大势转向的明显标志，请看图，之后的连续两根大阳，将已经到手的胜利果实砍去了一半。

虽然最后还是赢了，但总觉得不痛快，这种不痛快的心情一直持续了好久。在金市中，贪婪往往令炒金者变得愚蠢。养成一个见好就收的良好习惯，对于炒金学员来说相当重要。

图 79

九、烦恼皆因强出头

如图 80 所示，请注意此图的趋势线，2012 年 9 月 16 日那里，是金价第三次触碰趋势线，是最强势的反转地带，但当时，忘记了趋势线附近要离场观望的原则，硬是在 9 月 16 日 1756 处入市做空。

之后的9天里，金价一直攀升至1795。炒短线的人不太可能有耐心挺过9天的反向波动，所以我只好割肉平仓，在趋势线附近认栽。

这里的教训是，当金价游荡在趋势线附近的时候，我们可以将两只眼睛闭上，不闻不问。只有当金价远离了趋势线，趋势变得明朗的时候再去操作。

图 80

十、和时间赛跑

2011年12月29日，金价落到了近半年内最深的谷底——1530，当天便收出一根长长的阴锤头线，第二天，便是公历元旦的前夕，从元旦开始，之后的整整一个月，金价势如破竹，连连攀升整整200个点。

再回头看看12月29日那里的情况，12月29日金价的位置处于下降趋势线下方的深处，处于上升趋势线破位处，如果后面拉出一根阳线，金价再次回归上升趋势线之上，则是同向新趋势线的产生，那时将是做多的好机会。那里处于第四次高点下降末期，金价随时会反向扬升。K线分析则是锤头线处于降势的末期，也是强烈的反转信号。所以，只要见到阳K线出现，便可以大胆入市做多，如图81所示。

在12月29日之后，一根阳线出现的时候，我于1560处入市做多，直到2012年1月31日，随着四次不明显的次低点出现，我的心情也跟着紧张了四次，在第五次阴线螺旋桨出现的时候，我感觉金价已临近下降趋势线，可以收工了，在第二天的小阳线1749处平仓了结，一个月的收获竟达189个点。

在金市中，机会不等人，有时往往最令人恐惧的地方，却隐藏着巨大的良机，在12月29日那里，恐怕没有多少人，敢于在那样大的跌势下买涨，但是能够深刻理解金市涨落规律的人知道，这里要入市做多，并且会大有收获。

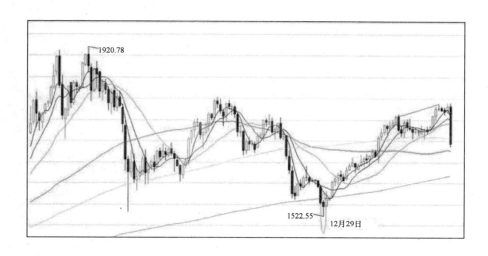

图81

十一、忍耐，让你反败为胜

2012 年 2 月 7 日，那里是一个非常危险的第六次低点，金价已经涨得很高，正常来说，这里绝不是入市的良机，可是炒金的人总有手痒的毛病。2012 年 2 月 7 日，从趋势线上看，金价早已有效突破下降趋势线，金价在这个位置仍有向上的可能。次低点为第六次低点且非常危险。K 线形态是早晨之星 K 线组合，显示后市仍有向上的可能，如图 82 所示。

我在 2012 年 2 月 7 日 1734 处入市做多，并设 30 点止损，当天收出一根大阳，可是高兴劲儿还没过去，之后的 3 天如同倾盆大雨，让我的心凉透了，金价连续下降 20 多个点，我选择了继续等待，因为我没有见到任何大势反转的信号。经过一个星期的震荡盘整，我终于见到了胜利的曙光，金价 3 天之后，涨至 1777，三根阳线的组合为连续跳空三阳线，可以平仓了结了。

图 82

十二、炒金与麻将

如图 83 所示，2012 年 8 月 6 日，从趋势线上看，这里是典型的当前下降趋势线被有效突破，然后进行标准回抽，并止于旧趋势线，金价反转上扬。这里是旧趋势线被有效突破后，形成的第一次低点。K线形态为旭日东升 K 线组合。在这里入市做多成为必然。之后，经过了一次危险的再次回抽，金价开始正向扬升，剩下的工作就是看着大盘往自己兜里装钱了，结果必胜无疑。

这里再次提醒炒金学员，回抽不是坏事，要懂得利用回抽，理解金市中的辩证和相对。中国特有的国粹麻将，我也常玩。不知炒金的朋友有没有发现，炒金与麻将有着许多的相像之处。

最近一个星期，我每天都到麻将馆，玩一种叫"晃"的打法。这种叫"晃"的打法，最大的特点是，随时可以走人。在这里，我连续赢了一个星期，这一个星期，我所依靠的一个信念，竟然来自于炒金的波浪理论。我在麻将馆的这一个星期，每天出奇地有规律，都是先输后赢。我把开始的失利看做是一种"回抽"，之后的局势果然应验，幸运仿佛专门垂青于懂得它的人，"回抽"之后，果然"大涨"，待"涨"得差不多的时候，我便卷款走人。到现在，整整一个星期，我赢了 7 天。

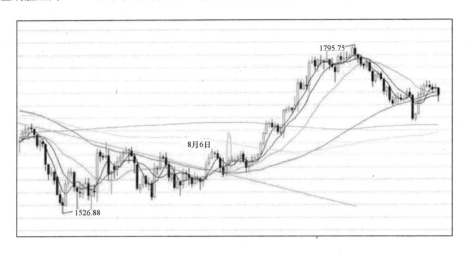

图 83

十三、无是无非

如图 84 所示，今天我们要说的是，从 2012 年 3 月 5 日至 2012 年 5 月 4 日这一阶段的操作。这一阶段，共两个月的大盘，属于下降中的震荡期。在这里，没有经典操作可言，但金市中的一个基本规律，在这里却表现得十分彻底，即下降之后上扬，上扬之后下降，如同波浪。

两个月内的金价，都处于下降趋势线之下，没有当前上升趋势线的依托，两个月内产生六个次高点。K 线表现不明显，但下降转折的信号都有迹可循。

这一阶段的操作是利用 IFX 平台的"平仓并转向"功能，进行了七次操作。在炒金活动中，我们主张谨慎，但不主张死板。炒金本身就是一把双刃剑，一切要从正反两个方面去分析，不可过于片面地执著。

　　写到这里，我想起从前读过的一本小说《济公》，里面有一段话"走走走，游游游，无是无非度春秋"。无是无非，其实就是炒金的一种境界。金市中没有绝对的是与非，只要你肯等待，涨落的交替会带你进入无是无非的境界。

图84

十四、不争一时之得失

　　2011年12月20日，当时已成功做过了第四次高点，趋势线情况没有任何依托，并且在金价大幅下降之后，出现了明显的转折K线形态，在当时，2元4联技术还未成形，只能凭着一些零乱的经验去做炒金，这令当时的操作风险异常。凭着当时的金价位置和K线形态，我在 12 月 20 日入市做多，未设止盈，未设止损。没想到，金价根本就没有跌到底，一个长长的转折十字 K 线之后，三连阴将金价拉下 60 多个点，如图 85 所示。

每一个炒金者，在 60 个点的失利面前，都会心惊肉跳，在这种情况下，冷静只能是一个传说，我在问自己，该怎么办？

还挺吗？12 月 29 日收盘时，我见到了一根长长的锤头线，这对我来说，似乎是一根救命稻草，三连阴之后出现锤头线，一般来说应该是一个大的转折信号，况且，这时的金价已经到了前所未有的谷底，这让我坚定了信心，再挺一下。

之后的走势再没让我失望，连续一个月的升势，涨得比降势还让人心惊肉跳，在盈利 100 点处，我心满意足地收手了。

回想入市的前一个星期，大盘的走势几乎令人窒息，如果只争一时的得失，早就平仓走人了，那就等不到冰雪消融、春暖花开的那一天了。

图 85

十五、犹大的吻

2011 年 8 月 25 日的两天之前，金价达到了前所未有的高度 1900，在这里，是世界黄金市场 20 年来的一个传奇。但仅仅两天之后，金价便狂跌 150 个点，让仍站在最高峰的炒金者，几乎摔得粉身碎骨。这里着重讲述的是，2011 年 8 月 25 日那天，那是一根长长的阳锤头线，它本身是一个转折向上的信号，这令那些不甘失败的炒金者，似乎见到了扳回一局的曙光，是他们将本应连续下降的金价，在后来的一个星期，又推回了原位，如图 86 所示。

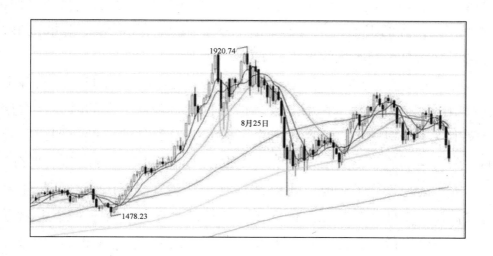

图 86

但就在做多者为金价再次登上顶峰欢呼雀跃的时候，很少有人发现，这里却是那些真正的炒金大鳄，张开巨口，等待着要将他们全部吞掉。

我们将这一次的升势，比喻成"犹大的吻"，犹大是《圣经》中背叛者的代表，这一次的升势就像犹大，背叛了所有看多、做多的炒金者，是金市主力的一个圈套。请看图86，所有的炒金者被一根根的阳线一步一步地引进陷阱。明智者，已经逃掉；执著者，最后全部摔得粉碎。

十六、我花开后百花杀

2011年7月4日，那里是一个标准的"下蹲跃起"金市形态，当时并未多想，按常规入市做多，没想到，一轮前所未有的大行情，在之后的一个多月内出现了。刚刚开始的升势属于意料之内，原因是这里属于标准的次低点，但一串小阳、中阳出现之后，引起了我的兴趣，这种K线组合的形态，很容易让人联想到冉冉上升形和上升抵抗形，总之，这里是长期看涨的地方，如图87所示。

一个月之后，100多个点已经涨过去了，直到8月4日，才出现了一根中阴，幸运的是，在第2天，正当我想要获利平仓的时候，大盘上又出现了一根小阳，这令我产生了再看一看的想法。没想到，之后的3天，连续的三根大阳，几乎让我的心脏无法承受这样激烈的兴奋。

我迅速地进行了平仓，再好的涨势也不看了，300个点，这样大的收益让人不敢相信。之后的3天，连续两个中阴，加上一个中阳再次形成一个次低，凭此，我再次入市做多，不过，因为金价实在太高，我设了20点的止损，直到一星期后，在金价登上巅峰之时，平仓了结。

在2011年9月6日，金价登上1920.78之后，直到现在，金价再没有超过这个高度。现在回想起这次操作，真有一种"我花开后百花杀"的豪气在胸。

图87

十七、吃一堑长一智

如图88所示，2011年10月10日，这里是金价的谷底部分，所以在这里我进行了多方操作。之后的金价走势，却未能如意，金价小升之后，在第5天开始下滑，这样，又形成了一个新的次高点，并且金价跌破了新形成的上升趋势线。在没有等待回抽确认的情况下，我又犯了急躁的老毛病，在2011年10月20日，进行了"平仓并转向"的操作。

结果第2天，金价又鬼使神差地回到了上升趋势线以内，形成一根新的同向趋势线，并按照原设想正向扬升。没办法，我不得不再次手忙脚乱地平仓并转向，因为急躁，两次错误的操作让我损失了40个点。

40个点的损失换回的是一个教训，在炒金操作中，一般来说，一个星期以上的持仓，是正常的，除非你做的是"超短线"，否则，有必要对持仓时间做一个规划。

　　另外，在心理上，炒金学员们通常都会有急躁冒进的毛病，要有意识地克制自己。经过现实的磨砺才会成为一个成熟、冷静的操盘手。

图 88

十八、最简单的办法往往最有效

　　如图 89 所示，2012 年 2 月 29 日至 2012 年 9 月 13 日这一阶段，这是一个不太规则的圆弧形，由下降期、盘整期和上升期三部分组成，是大盘上一个完整的涨落交替的过程。

　　这里我们总结了一条非常简单而实用的办法：只要大趋势是向下的，你就看空、做空；只要大趋势是向上的，你就看多、做多；金价处于盘整期，你就短线快速操作或冷静旁观。只要炒金学员们能够谨记这三点，就不会出大错。

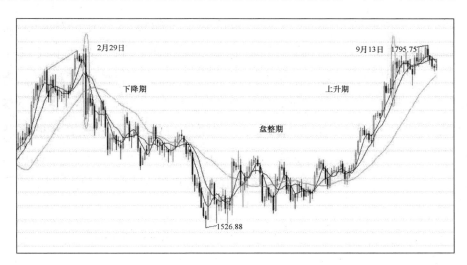

图 89

十九、金市轮回

如图 90 所示，2012 年 2 月 29 日至 2012 年 9 月 13 日，我们对这一阶段的大盘运动进行分析，然后，再试图找出金市的基本规律。

从 2012 年 2 月 29 日开始，这里是最高点 1781 处，2 月 29 日的 K 线，在一天内下降近 100 点，之后金价震荡下滑，形成一个又一个次高点，虽然过程很烦琐，但总有一个波幅会非常的大，接着金价到底。

2012 年 5 月 16 日，金价降至 1530 处。1530 这里是一个分水岭，左边以下降趋势为主，右边以上升趋势为主。5 月 16 日之后，金价在底部震荡前进，这里，在金价前进的过程中，必须要经历的一个过程，就是旧的趋势线被有效突破。金价第五次触碰趋势线时，突破了趋势线，并进行了回抽，止于旧趋势线，之后金价开始一路上扬，其中夹杂着一些小的回抽，这些回抽，相当于一个个的次低点。

最后，在 2012 年 9 月 13 日，金价登上了顶峰，大阳 1771 处，新一轮的降势从这里开始。这里，我们再着重讲一下回抽。回抽不仅仅在趋势线被有效突破时存在，它几乎充斥在升势或降势的整个过程中。金价的基本运动形态是震荡前进。实际上，这种运动的组成元素只有两种，一种是符合大趋势方向的运动，另一种便是与它如影随形的回抽。

在金市中，只要你把握住大趋势的方向，知道了回抽在哪里，那么你也就知道了该在哪里入市。知道了趋势线在哪里，你就知道了该在哪里出市。

图 90

二十、正邪难辨

大盘上的金价走势，在绝大多数下是正邪难辨的，否则也就不需要我们在这里苦苦地寻找能够带给我们启迪的金市规律了。

如图 91 所示，2012 年 2 月 29 日至 2012 年 9 月 13 日这个阶段，5 月 16 日的左方和右方，降势与升势便很明显地在两边展开，5 月 16 日右侧两个月的震荡盘整期，就是我们要说的正邪难辨的时期。所谓的正邪难辨，是因为在这里已经没有了趋势。

在这两个月内，我们不去讨论操作的细节，因为在没有趋势的背景下，很难说明怎样操作才是对的，尽管我们面对的是已经发生的事实。

在我们的实际操作中，不可能精确地预知哪里才是大盘的最低价位和最高价位，但这并不妨碍我们对大盘进行最基本的了解，大盘其实很简单。

大盘永远是由两种元素组成的，即阳线和阴线。阳线和阴线所代表的永远也是两种状态，即涨或跌。我们只要能够知道，金价在哪里会涨，在哪里会跌，就可以了。这一点说穿了并不难：第一，知道了现在金市的大趋势是升还是降；第二，知道目前金价的位置在哪里；第三，知道大盘的回调（回抽）在哪里。回调结束就是反向扬升或回落，你就可以大胆入市了。

总之，金市有它特有的活动规律。阳线与阴线与它们所代表的涨与落，是金市大盘的基本组成部分。在金市中，大趋势为正向时就做正向；大趋势为负向时就做负向；正邪难辨时，就冷静旁观。

图 91

二十一、古老的咒语

在金市中，几乎每天都会上演一部司空见惯的老剧，我们叫它"金市陷阱"。自古以来，骗局无处不在，但金市中的陷阱却是愿者上钩，并且如果你中了圈套，你只能自认倒霉却无处申述。

实际上，金市中的陷阱并非是某个人或某个集团设下的，现在没有哪个财团大到可以左右金市，如果硬要说是谁设下了金市陷阱，那么只能用一个词来表达，就是"主力"。

我们先看看，所谓的金市陷阱在实际的大盘上是怎样表现的。请看图92，2012年7月31日和2012年8月13日，在金价标准突破下降趋势线之后，在这两处进行了两次回抽（回调），这两次回抽，就是主力设下的陷阱。目的是，为了在金价的低处吸进，然后待金价涨至高处，再获利出手。

8月31日和9月13日这两个地方，非常具有代表性。如图92所示，下降趋势线被有效突破之后，8月31日是第一次突破后的回抽，并止于旧趋势线，金价反转向上时，形成了第一根反向新趋势线。在这里，是入市做多的好机会，如果这一次，有人在这里中了圈套，将手中的筹码卖掉，还有情可原。那么，在第二次，也就是9月13日的那次金价回落，如果你再次落入圈套，那将是不可原谅的。因为这时金价趋势已经十分的明朗，在金价的谷底，多方趋势已经显露无遗。我们可以这么说，图的左手侧，所有的阳线部分都是陷阱；图的右手侧，所有的阴线部分都是陷阱。

金市陷阱并非是人为设计的，和其他骗局不一样，它是通过金市的正常运转自然形成的。不明就里的投资者，尤其是炒金新手极易上当。但只要我们弄懂了金市陷阱的原理，并学会怎样去利用它们，把自己变为主力，我们就可以成功地绕开这些陷阱，甚至将这些陷阱为我所用。

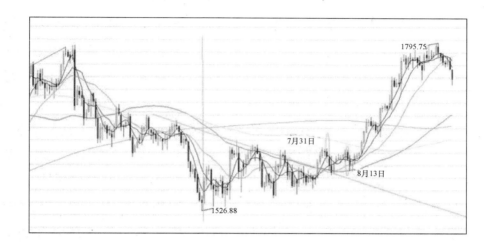

图 92

二十二、十步之内必有芳草

十步之内必有芳草是一种比喻，意指金市大盘的短线操作，并且它还有其他所指，说的是对于短线操作，大盘上的机会比比皆是，对于精通短线操作的人来说，金市里蕴藏着无尽的宝藏，等待着他来开发。

所谓短线，是相对于长线操作而言。一般来说，一进一出的时间在 3 个月以上的，称为长线；在 3 个月以下的，统称为短线。还有一种说法，叫超短线，指一进一出期间为几天至几个小时。

　　如果是一个足以看清大趋势的操盘手，那么你可以担负起长线炒作的任务，但做短线还不行，做短线不仅要弄清楚金市的大趋势，还必须弄清楚，大趋势下的每一次小的转折。长线操作一般都是稳健者的选择，不仅获利稳定，而且耗费精力较少，是稳健型的首选。

　　对于短线来说，一般以一个星期左右作为操作周期，见效快但风险也大，比较耗费精力，是激进型的首选。总的来说，长、短线之间不分伯仲，适合你自己就行。对于有实力并且技术过关的操盘手，可以长线短线一起炒，最后再比较一下自己更适合哪一个。

　　另外，我们在这里提供一个建议，在震荡期间，及当金价临近趋势线的时间段，我们可以停止常规操作，转向超短线。这样，我们既可以避开最难以操作的时间段，又可以抓住超短线获利的可能，如图93所示。

　　我们在金市中操作，能够抓住的机会坚决不要放过。但十步之内必有芳草，并不是要你把每一棵芳草都摘下来，前提是，必须看准了之后再摘。

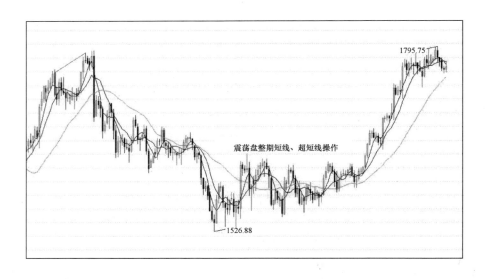

图93

二十三、白璧本应有微瑕

如图 94 所示，2012 年 7 月 25 日开始，金价标准突破下降趋势线，回调之后，从 2012 年 8 月 3 日开始，一轮涨势便真正的开始了。然后，经过五波涨幅，再经过两个多星期的盘整期，最后在 2012 年 10 月 4 日到达顶峰，一轮涨势在这里宣告结束。

我们现在要分析的是，从 8 月 3 日起至 10 月 4 日的这一轮涨势。这里我们是用绘制趋势线的方法来找到涨势的起点。可能每一个炒金学员，都会认为这次涨势的起点，应该算在 8 月 3 日那根阳线上，但我认为，应该往前再推 4 天。即前面四根阴线的部分，下面让我们慢慢地去分析。

以上的一轮升势中，从形态上看，每一波的升势之前，都会有阶梯状的阴线夹杂在里面，似乎金价是登着这些阶梯，一步一步爬上顶峰。而这些"阶梯"便是我们今天讨论的重点，我们要知道的是什么带领着金价？

所谓阶梯，是一个比喻，在金市中，阶梯就是回抽或回调。虽然金市操作的技术纷繁复杂，但都是殊途同归，即要找到精确的入市点和出市点。如果说一轮涨势或跌势是一块白玉，那么，这些回抽就是白玉上的微瑕，没有这些微瑕（阶梯），金价也无法登上顶峰。我们要登上顶峰，就要先找到这些阶梯。

在每一轮的涨势或跌势中，没有不掺杂着反向运动的 K 线的。这反而带给我们一个启发，就是要想找到获利的空间，先要找到这些反向运动的 K 线所在。也就是说，涨势的开始不在于阳线，跌势的开始也不在于阴线。一轮涨势，在阴线部分便已开始；一轮跌势，在阳线部分便已发生。

图94

二十四、《易经》与炒金

如图95所示，2012年2月29日至2012年9月13日，这个阶段是一个完整的从降势开始，再到升势结束的区间。错落有致，犹如阶梯一样的大盘形态向我们展示了它与哲学理念，似乎存在着某种关系。

在中国，有人把炒金与佛教扯上了关系，认为炒金与佛教的轮回思想有关，我想这应该是对的，升升降降的本身的确犹如轮回，轮回这个词对金市形态的描述是一个极好地概括。但是，更加符合炒金哲学的，应该是原汁原味属于中国的《易经》。我甚至认为，《易经》可以作为炒金学员的高级教科书来使用。

易曰："时有否泰，用有行藏，一时之制，可以反为用；一时之吉，可以反为凶，所谓天道无常。"《易经》之实用，信手拈来便是经典。我们炒金需要这种理念，这类似于我们的行动纲领，我们自己可以慢慢地去体会。

　　如图所见，在大涨大落的期间，都会夹杂着反向的阴线或阳线。有时，我们需要在阴线部位买涨，在阳线部位买跌。因为跌后涨、涨后跌本身就是大盘的一个铁律。我们要看清大盘这种涨落交替的关系，在金价下落的时候，你应该能看到之后的上涨；在金价上涨的时候，你应该能看到之后的下跌。这对于我们理解大盘，并不再为一时的得失而茫然失措极为有利。其实，我们要做到这一点并不难。

图 95

二十五、金市达人的做派

　　这里的"金市达人"指的是金市中的主力，金市规则说："我们永远要站在主力的立场来考虑问题。"

　　如图 96 所示，2012 年 2 月 28 日至 2012 年 9 月 13 日期间，2 月

28 日是主力设下的最会一次升势陷阱，掉入陷阱的炒金者会在第 2 天遭受巨大的损失，而主力则在此大获其利。然后，第 3 天又是一个强有力的反弹，但这只是在下降大趋势背景下的一个自然回调。明眼人知道，紧接其后的是更大的跌幅，但仍会有许多人掉入这种明显的回调陷阱，等到他们醒悟的时候，主力已经在空单之下获利平仓了。

在这 3 天之后，除了震荡期表现得不太明显之外，只要是有大趋势的地方，就有主力；有主力的地方，就有陷阱。主力在升势的时间段，就低吸高抛；在降势的时间段，则高吸低抛。总之，符合大趋势一方的主力，永远是赚钱的，而主力之外的另一方，却总是陷在泥潭里打转。

现在我们知道了，所谓主力就是金市中的大趋势。主力的所有表现都可以概括为低吸高抛或高吸低抛。所以，我们要做到站在主力的立场来考虑问题，只要做到看清大趋势就可以了。

看清楚了大趋势，便不会再掉入主力设下的陷阱，自己也会低吸高抛或高吸低抛，我们自己也就自然被划入主力的范畴了。

图 96

二十六、一波未平一波又起

2012 年 11 月 5 日，我在 1683 处买涨。大盘没有辜负我的期望，在第 2 天，金价直线上升近 40 点，第 3 天是一个长长的螺旋桨，第 4 天又上升 20 点。胜利总是容易让人的头脑变得迟钝，失败也总是紧随着胜利而来。从第 5 天开始，大盘连续 7 天下跌，但金价仍在上升趋势线之上，并且紧随 7 天下跌之后，出现了一个标准的早晨之星 K 线组合，我决定持筹待涨，如图 97 所示。

之后的 4 天，金价已经涨到了 1750。在这个地方，也许连门外汉都会做出抛出的决定，但由于我的过度自信，仍固执地认为金价还会扬升 30 点，从而到达压力线，之后反转。

在 1750 处开始，一个黄昏之星 K 线组合之后，金价一路下滑，之后产生一个小的回调，金价再次下落，到 12 月 13 日，金价已经回到 1697 处。

在这里，大盘的局面已经完全改观。金价已穿越上升趋势线，并产生回抽，形成了第一根新的下降趋势线。当前的形势已经变成第二次高点，K 线组合为黄昏之星，大趋势已经由向上转变为向下。这时，我已经没有了选择，只能平仓了结，结果是竹篮打水一场空，白白浪费了整整一个月的时间。

这次操作，让我不得不有所反思。设想一下，如果我在 11 月 23 日那根大阳时卖出，我会净赚 60 多个点，过分的执著又让我全部失去，形势倒转之后，我只能陷入被动。这次失利，让我想到了炒金的"节奏"。

所谓炒金的节奏，实际上是一个时间的问题。炒金者往往太过注意"空间"，而对时间经常有所忽视。这里我将炒金大盘的波幅分为两级：一级波幅是由一个大的升降组成，周期通常为 3 个月左右；二级波幅则是一级波幅下的每一个小的升降组成，周期通常为一周左右。

在这里，我们暂时忽略空间点位，只从时间角度做一个规划。那么，我们主张不要追求一级波幅下的整体利润。只要我们能够做好每一个二级波幅，我们就会得到更加稳定而可靠的收益。

图 97

二十七、无乐不做

这里所说的是一种炒金的方式，这种方式在理论上行得通，但实际操作起来会有很大的难度。这种炒金方式的核心理念是，不放过任何一次获利的机会，我们可以尝试着来操作。

如图 98 所示，从 2012 年 2 月 29 日起至 2012 年 9 月 13 日止，大盘经历了下降期—震荡期—上升期，即一个完整的循环。

我们依据 2 元理论，大盘上将只剩下两种元素，用颜色来区分则是红色与绿色。如图所见，在大趋势向下的阶段，谁也不敢奢求，连反弹的机会都不放过，但我们可以抓住每一次次高点下的下跌空间，空单获利。

在金价步入震荡盘整期间，在没有了大趋势可依的情况下，这时一般主张不去做，但总会有一些激进型的投资者比较喜欢冒险。这时，我可以给你们一个忠告，多观察一下 K 线形态。因为这时，只有 K 线形态还可能带给你一些可靠的信号。

在金价步入上升期，我们又有了大趋势可依，一切又变得简单。利用趋势线，我们可以找到支撑位与阻力位，顺势做好每一个次低点，在压力位获利平仓。

"无乐不做"是一种比较乐观的比喻，炒金实战中，没人能够做到不放过每一次机会，我们要做到争取不放过每一次机会。

图98

二十八、挣断铁索自天涯

在 2012 年 8 月 2 日这一天，对于我个人来说是一次壮举。金价经过两个月的底部震荡，我认为大的机会即将到来，我决定暂时不管趋势线、次高低、K线和均线，放手一搏。

这里根据的是，对金市涨跌的相对性固有的信赖。操作的过程可以省略，之后的五波涨势验证了我的判断。最后用趋势线一量，知道金价已经涨到头了，在9月13日平仓了结，大获其利，如图99所示。

之所以拿出这个案例，是想说明，有时在忘掉了一些条条框框之后，事情反而变得清晰而明朗。

对于一些非常执著的炒金学员，努力地将所有的炒金知识都塞到自己的脑子里。结果，一些互相冲突的理论会将自己的脑子搅乱，让自己无所适从，最后反而影响了自己的进程。

炒金学习的圈子里，有一条关于学习的理论，就是将你所学到的所有炒金知识统统消化，变成自己的。也就是说，你最后的目标是形成一套自己的实战理论，而不是照葫芦画瓢，刻意模仿。

"挣断铁索自天涯"是最后的境界。

图 99

短篇一　婆婆的叮嘱

　　在这本书基本完成的时候，心里总感觉还有许多的话没有说完。以前的人说"学海无涯"，看样子是真的。在这里，我将整理一下想法并说出来，希望不会浪费读者的宝贵时间。

　　其实，这里想说的一切可以汇成一句话，就是"不打无把握之仗"。为了这句看似普通的话，谁也不知道我在金市中遭遇了多少失败，甚至是痛苦。

　　在我刚刚掌握了一些炒金技巧的时候，总有一个非常不好的习惯，见到大盘就手痒，也不管是不是入市的良机，凭着自以为是的一点炒金技巧，以一个赌徒的心态，在不该入市的时间入市，结果往往是屡战屡败。

　　屡战屡败并不太可怕，可怕的是不吸取教训，屡败还是屡战。直到有一天，我彻底地明白了，金市不是赌场，在这里只有技巧没有运气。

　　路逢险处须回避，烦恼皆因强出头。大盘是一个冷酷的教官，甄别着智慧与愚蠢。在金市里，我宁肯要猥琐的真理，也不要漂亮的谎言。在金市中胡作非为，无异于面对着智者的痴汉。

　　在一次严重的受挫之后，我将"不打无把握之仗"这句话写在纸上，共一百遍，然后将它点燃，口中默默念诵"唵嘛呢叭咪吽"这句我也不太懂的六字真言，只为了能牢牢地将它记在心间。

短篇二　金市箴言汇

有一天，你选择了一条路，叫炒金之路，我要告诉你，你做了一个明智的选择。虽然，金市的无常像花儿一样谢了又放，但我们总会找到能容下我们胜利的梦想。

古人云：有花方酌酒，无月不登楼。我们来到金市，就是要投入我们所有的智慧，就是要将黄金满载而归。为此，我收集了一些有利于这件事的词汇，我们叫它金市箴言汇。

（1）冲动是如影随形的魔鬼，激情换来的往往是伤悲。

（2）失败了，也别愁眉紧锁，成功了，也别忘乎所以。

（3）就像其他事情一样，在金市中做决策要看长远一点，深谋远虑才能制胜。

（4）相信金市规则，因为历史总会重演，人心永远不会变。

（5）盲目模仿是黄金投资者的悲哀，要有一套属于自己的投资理论和技巧。

（6）机敏的投资者走在别人前面，但他未必有顺势而为且脚踏实地的人赚得多。

（7）无论用什么技术，谁能抓住金市的反转信号，谁就会成为金市大赢家。

（8）主力的行为永远是低吸高抛，要站在主力的立场来考虑问题。

（9）金市的波动是有惯性的，一个趋势在没有外力的情况下，不会改变，只有出现了确定的反转信号时，才能认为趋势改变了。

（10）一个大牛市往往在一个熊市之时就开始了，反之亦然。

（11）投资者往往会忽视，当前的金价正处在市场的什么位置，其实这很重要，就像司机要看清前方的道路一样，要做到心中有数。

（12）灾难往往会给予你最大的机会。

（13）理论总是夹杂着误导，真正的良师是市场中不断滚动的大盘。

从理论到实战，漫长而艰辛，不知要经历多少次的挫折和失败。但是，只有经历了挫折的人才可能变得成熟、老练。真正的黄金不怕火炼，我们永远不要忘记，我们是用黄金筑梦的人。

短篇三　炒金技术分析十条

（1）止损：当你在下单前，就应该想好止损价是多少？止损价格是不是合理？下单以后马上把止损价填上。止损就是停止亏损的意思，只有小亏才能保住元气。

（2）点位：入单的点位是相当重要的，虽说黄金是多空两种模式操作，其实是四种操作方法，即低多、低空；高多、高空。在单边趋势中，这四种模式都是可取的。如果是在震荡趋势中，切记不可低空和高多，这样就相当于追涨杀跌，很多人都因为追涨杀跌而导致亏损。

（3）仓位：资金如何分配关系到心理承受能力的多少，仓位如果过大或者满仓操作，一旦趋势逆转，则亏损更大，心理承受压力也加大，往往不能仔细地分析行情走势，从而造成错误操作。

（4）止盈：很多人往往做不好止盈，从而让盈利单变成亏损单。在单边趋势下，止盈可以用移动止损的办法来加大利润空间，在震荡行情中，止盈往往需要个人思考在哪里平仓，不是每一单都要赚得盆满钵满，震荡行情中需要有积少成多的理念。

（5）果断：一个合格的黄金投资者是需要果断的下单。既然有自己的想法，就按照自己的想法执行，毫不犹豫、不怕吃亏，合理地止损会帮你规避风险，做你的坚强后盾。

（6）频率：由于黄金是24小时交易，所以不可能每波行情都能抓住，交易频率适度是必须掌握的，过多的交易可能导致技术分析错误。

（7）心态：这一点是最重要的，当你踏入这个市场的时候，不可否认，大家都是抱着赚钱心理来的，我们要做的是，宁可小赚，也不亏本，而不是赚多赚少。

（8）加仓：加仓是一门学问，在单边趋势中可以适当地加顺势单，但是切记，万万不可逆势加单，逆势单往往使得亏损加大，更加不可随意撤销、改动逆势单止损。

（9）顺势：顺势而为，当市场处于单边行情中，就要坚持顺势而为，切记不可逆势而为。

（10）心情：这也是最重要的一条，在心情郁闷或者极度兴奋状态下，建议先冷静心态，然后再操作。心情郁闷往往过早斩仓或者过早止盈，心情极度兴奋的情况下，往往产生贪婪，可能让盈利单变成亏损单。

总结：往往亏损巨大或者爆仓者，都会犯以上一条或者几条错误，如果这十条能够全部遵守，那么你在黄金投资市场就能够无往不利。

短篇四　现代黄金投资商情快递

黄金投资与其他的商业战争一样，所谓知己知彼，百战不殆。所以，了解和熟知黄金投资背后的市场环境，便显得十分重要。下面，我们就尽量以简要的方式对国内、国际的黄金投资市场环境进行一下描述。

黄金自古以来就被划入硬通货的行列，无论是货币贬值还是通货膨胀，都无法改变它本身固有的内在价值。所以，我们说黄金的价格是世界的。这一点有太多的人还不明白，甚至认为制定黄金价格的是国家（政府）。所以黄金投资这个行业的范围，要以世界为界，黄金投资行为本身也是世界性的行为。

黄金投资的门槛并不高，但是，黄金投资的回报却可能高得惊人。在理论上，用1500美元入场，5年之后，可能的收益能够达到15万美元。2008～2011年局部学员实际收益率数据，股票为38.9%，商品期货、股指期货为56.8%，黄金投资为92.6%。

黄金投资俗称炒金，是一种以获利、保值为目标的行为。所谓黄金交易，通俗地说，就是随着黄金价格的涨跌进行买卖，从差价中获取利润。市面上，用于黄金投资的渠道主要有以下几种形式：

（1）黄金实金交易；

（2）纸黄金交易；

（3）黄金保证金交易（AUT+5、AUT+D、AUT+0等）；

（4）黄金期货；

（5）黄金期权；

（6）黄金股票；

（7）黄金基金；

（8）国际现货黄金（伦敦金）。

国际现货黄金是目前黄金投资市场上最流行的，且最具收益性的黄金交易方式，所以这里将它作为重点来介绍。

简单地说，国际现货金就是黄金保证金交易，根据国际黄金市场实时行情，通过互联网进行双向交易的杠杆式投资方式。双向交易、投资灵活，采用T+0交易方式（当天买可以当天卖），在网络平台上进行方便、快捷、准确的交易。

再说说什么是保证金交易。国际现货黄金投资保证金交易，又称虚盘交易、按金交易，就是投资者用自有资金作为担保，从银行或经纪商处提供的融资放大来进行现货黄金交易，也就是放大投资者的交易资金。融资的比例大小一般由银行或经纪商决定，融资的比例越大，客户需要付出的资金就越少。

黄金保证金交易是指在黄金买卖业务中，市场参与者不需要对所交易的黄金全额资金划拨，只需按照黄金交易总额，支付一定比例的价款作为履约保证。目前世界黄金交易中，既有黄金期货保证金交易，也有黄金现货保证金交易。

黄金保证金交易主要有三大功能：第一是价格发现；第二是套期保值；第三是投机获利。价格发现是黄金期货交易的功能，黄金期货价格是黄金现货价格的未来体现；而套期保值在期货保证金交易和现货保证金交易中都可实现；由于保证金交易具有较高的杠杆作用，从而也成为投资者投机获利的工具。

黄金保证金交易是一把双刃剑，当用金商或交金商，需要对现货进行规避市场风险的套期保值时，不需占用大量资金，只需支付一定比例的保证金，作为实物交割时的担保。这种交易手段减轻了市场参与者的资金压力，这是它的优势所在。缺点主要体现在往往会带来很大的风险，投资者如果将套期保值数目盲目的投机性放大，一旦决策失误，会导致企业重大亏损，甚至破产。

目前，全世界黄金总量大约 16.6 万吨，地下存金量约 2.6 万吨，黄金年供应量为 4200 吨。虽然黄金价格的持续上涨也存在着泡沫，但国际黄金市场由于其开放性和规模性，具备着自己的"自我调节"机制，每日的交易总量要以万亿美元计。所以，不可能出现哪个"庄家"可以随意控制这个巨大的市场。

古老的黄金会永远闪亮，炒金这个对于我们还属于一个崭新的行业来说，在将来会走得很远、很远。我们可以顺着潮流一直走下去，并在炒金的过程中满载而归。

结语：一错再错之后，你会见到真理。